Hanoi 1936-1996

Collection Mémoires

L'histoire des idées, des sensibilités, des créations dans le monde, au travers de lieux-symboles saisis à des moments charnières de bouillonnement ou de rupture.

Tél. : 01 40 26 06 06. Fax : 01 40 26 00 26. ISSN : 1157-4488. ISBN : 2-86260-719-3.
Dépôt légal : 3e trimestre 1997. Imprimé en France.

Hanoi 1936-1996

Du drapeau rouge au billet vert

Par Georges Boudarel et Nguyên Van Ky

Le suivi de cet ouvrage a été assuré par Valérie Antoni

Éditions Autrement - collection Mémoires n° 48

Sommaire

Prologue

Hanoi est la cité emblématique du Viêt-nam, même si, à certains égards, Saigon, plus jeune qu'elle, l'éclipse ou l'a éclipsée. Au plus fort de la guerre américaine, la voix du peuple vietnamien du Sud s'est élevée pour crier : « Bombarder Hanoi, c'est bombarder le cœur des Vietnamiens ! » Capitale de l'adversaire communiste, la mémoire nationale la considérait toujours comme Thang Long, la cité du « dragon qui prend son essor », ainsi baptisée par le roi Ly Thai Tô (1009-1028) à la suite d'une vision.

L'antique cité était surtout trop riche d'histoire, de légendes et de mythes porteurs de l'identité viêt pour ne pas rester dépositaire de cette dernière. Elle a surnagé entre ruptures et continuité, révolte et soumission, liberté de parole et secret opérationnel, droits de l'homme et pouvoirs totalitaires, intrusion de la modernité occidentale et préservation des traditions, enfin entre socialisme et économie de marché. Ses ambivalences justifient autant que la topographie des lieux son nom de Hanoi, qui signifie « entre deux eaux ».

L'âme du dragon

La ville ancienne, construite au cœur des méandres du Sông Hông, ou fleuve Rouge, a été la Venise de l'Extrême-Orient. Représentative d'un pays qui se dit, en langage affectif, *dât nuoc* (terre-eau), elle était et elle est encore centrée sur les « trente-six quartiers », une de ses appellations qu'a popularisée le romancier Thach Lam dans son ouvrage intitulé *Hanoi aux trente-six quartiers*. C'est là qu'a toujours battu son cœur, vibré son âme et se sont enflammés ses sens : son cœur, avec l'activité grouillante de ses rues où commerçants et artisans fabriquent encore du chanvre ou de la soie, des meubles ou de la vannerie, vendent de la saumure ou du charbon, des vers blancs ou des vermicelles ; son âme, avec les pagodes, les temples, les monuments, innombrables lieux de mémoire et de vie spirituelle que traversent aussi les ondes d'un univers surnaturel ; ses sens, avec les réseaux discrets du plaisir nocturne qui passaient autrefois par les fumeries d'opium et les garnis obscurs.

Riche de ce souffle vital, elle l'est aussi d'un trésor de légendes, à commencer par celle qui lui a donné son premier nom. Tous ses sites peuvent s'enorgueillir d'être la source d'au moins une, à l'exemple du Petit Lac, où le roi Lê Loi, qui règne de 1428 à 1433, s'est vu reprendre son épée magique par une tortue-génie, et du Grand Lac, né des empreintes d'un buffle doré ou d'un renard à neuf queues.

Hanoi est à la fois une cité souveraine, façonnée par la dynastie fondatrice des Ly, et un grand village peuplé de ruraux qui y ont gardé leur mode de vie dans les quartiers appelés *phuong*, où ils sont regroupés par communautés d'origine ou de corps de métier. Ce grand village partagé entre la majesté antique, la splendeur légendaire et la simplicité rustique frémit d'une sensualité qui sait s'exprimer sous des apparences de sobriété et de réserve. Le réseau d'artères qui le sillonne n'est pas seulement animé par les flux d'une activité qui semble ne jamais s'arrêter ; il est souvent traversé par les effluves d'un art culinaire qui sait tirer des ingrédients les plus simples les saveurs les plus subtiles, à l'exemple du mets le plus populaire, le *pho*, analysé et chanté par l'écrivain Nguyên Tuân[1].

Hanoi sait aussi se conjuguer au féminin et sur deux modes, l'héroïque et l'amoureux. L'histoire vietnamienne a vu se dresser des figures mythiques de combattantes telles que les sœurs Trung (Ier siècle ap. J.-C.) et dame Trieu (IIIe siècle ap. J.-C.). Sans doute la pudibonderie confucéenne y a-t-elle longtemps régné mais, si la pudeur traditionnelle résiste, non sans difficultés, à la pénétration de la modernité, l'amour y a toujours été chanté par des poètes et des poétesses au romantisme inspiré, et l'élégance y tient une place non négligeable. La fameuse tunique longue, *ao dai*, véritable révolution dans les années 30 en matière de costume féminin, a été conçue par un dessinateur hanoïen, Cat Tuong, alias Lemur.

La cité entre deux eaux est enfin par excellence celle de la littérature et des arts. Fidèle à une longue tradition historique entretenue par des générations de lettrés fonctionnaires et symbolisée par le Van Miêu, ou temple de la Littérature, Hanoi a toujours abrité les germes d'une créativité littéraire qui ne s'est jamais démentie et a su se renouveler. En 1934, le Tu Luc Van Doan, ou Groupe littéraire autonome, s'est imposé comme un nouveau repère intellectuel, sous l'impulsion de l'écrivain Nhât Linh, et a permis une floraison de poètes et de romanciers, pendant que l'école Thang Long, une institution privée, canalisait le mécontentement et la révolte d'une génération gagnée aux idées de liberté.

La cité entre deux eaux

On comprend mieux dès lors que cette ville ait inspiré, aux conquérants d'hier et aux visiteurs d'aujourd'hui, à la fois méfiance et fascination. Car on peut dire que Hanoi, capitale actuelle et historique du Viêt-nam, en a vu de toutes les couleurs depuis que la France est venue y planter son pavillon, en 1885. Le bleu, le blanc et le rouge de la République y ont flotté jusqu'en mars 1945, non sans avoir vu, durant quelques années, le blanc frappé du soleil

1. Voir le texte p. 40.

rouge nippon. Les nationalistes projaponais y ont répandu les trois bandes rouges sur champ jaune, avant que Hô Chi Minh n'y érigeât l'étoile d'or sur champ rouge. Ces couleurs contrastées ont imprégné tout ce qui est visible et même ce qui ne l'est pas, donnant au visage de la ville diverses facettes portant l'empreinte des chocs reçus de l'extérieur.

Après avoir su résister au fil des siècles à la sinisation par la force et avoir assimilé la culture chinoise jusque dans son système sociopolitique, fondé sur une interprétation plutôt rigide de la pensée confucéenne, le peuple viêt a subi, comme nombre de pays d'Asie, la domination d'un Occident fort de sa supériorité technologique. De 1885, date de l'installation des Français à l'issue de la campagne du Tonkin engagée en 1883, jusqu'à leur départ, en 1954, Hanoi a connu une fracture sans précédent, traduite d'abord sur le plan de l'urbanisme par la destruction de vestiges anciens, la disparition de quartiers de paillotes et le triomphe du modèle français imposé comme référence. Paul Doumer a été le maître d'œuvre de cette transformation opérée sous le double signe d'une incompréhension mutuelle, qui valut aux habitants vietnamiens d'être refoulés vers la périphérie, et d'une modernité dont l'un des prolongements allait être une école de la révolte.

Plus que jamais « entre deux eaux », Hanoi fut la capitale administrative de la colonie d'Indochine et le centre d'un savoir occidental qui devait imprégner des Vietnamiens très avides de l'acquérir, et devait même se retourner contre ses promoteurs français dès lors que ceux-ci se firent censeurs.

L'enseignement franco-indigène, créé au début du siècle, avec ses établissements publics mais aussi privés, fut une pépinière d'intellectuels modernes. Certains travaillèrent pour l'émancipation culturelle, notamment par l'expansion du *quôc ngu*, l'écriture alphabétisée, comme l'écrivain et directeur du cabinet impérial Pham Quynh, qui choisit la collaboration avec la France. D'autres, dans le cadre de la célèbre école privée Thang Long, s'engagèrent dans le combat politique pour l'indépendance, comme Nguyên Tuong Tam chez les nationalistes et Vo Nguyên Giap, le futur vainqueur de Diên Biên Phu, chez les communistes.

L'occidentalisation a été sans doute révolutionnaire dans ses effets, mais force est de constater qu'elle n'a porté en fait que sur l'accessoire, sans altérer l'essentiel, et n'a touché qu'une petite minorité. Par le mimétisme du comportement, le cinéma ou l'habillement, elle a surtout influé sur ce qu'il est convenu d'appeler les élites urbaines. Les pratiques culinaires françaises ont fait une percée par quelques éléments tels que le lait, le beurre, le vin, le champagne, mais n'ont pas bouleversé la cuisine traditionnelle.

En fait, si la colonisation a pu faire de l'Indochine la « perle de l'Empire français », par un développement économique accompli au prix de lourdes injustices, et si elle a donné une impulsion modernisatrice, elle n'a pas su créer de fusion. Deux formes de vie, d'architecture, de société, se sont juxtaposées plutôt qu'elles ne se sont harmonisées, et elles se sont même contredites.

Certes, un certain métissage a pu se réaliser ethniquement par les unions mixtes, et en certains domaines de culture comme le théâtre, où un auteur vietnamien, Nam Xuong, a pu brocarder à la façon de Molière la société franco-vietnamienne dans une pièce intitulée *Monsieur Franco-Annamite*. Mais le moindre courant libéral étant voué à l'échec, comme celui prôné par le gouverneur général Varenne dans les années 20 et surtout celui des réformes envisagées par le Front populaire en 1937, ce furent les tendances autoritaires et répressives qui prirent définitivement le pas et conduisirent à l'affrontement violent.

Combats et secrets

Hanoi a donc été aussi une ville de combats. Les années 30 s'étaient ouvertes sur deux événements explosifs : en février 1930, la mutinerie de la garnison de Yên Bay sous le drapeau du parti nationaliste Viêt Nam Quôc Dân Dang, et, à l'automne, le soulèvement communiste dit « des soviets » du Nghê Tinh. Les fils des détonateurs en remontaient à Hanoi et à l'étranger, mais la répression avait ensuite provoqué la dispersion des organisations disloquées, soit vers des repaires situés à Hanoi ou dans les villages, soit dans les cellules des bagnes ou les lointains points d'ancrage de l'exil, Moscou, Shanghai, Nankin, Paris, bref partout où pouvait s'effectuer la préparation dans l'ombre de nouveaux combats.

La détente libérale suscitée par le gouvernement français issu du Front populaire permit en 1937 une réapparition au grand jour, et sous diverses enseignes, des unes et des autres, quelles que fussent leurs tendances, avant qu'un retour à la répression et le durcissement consécutif à la Seconde Guerre mondiale ne provoquent un repli dans la clandestinité, soit dans la vieille ville de Hanoi, soit dans la nouvelle cité coloniale. Alors que Saigon et le Sud avaient vu la résistance nationaliste éclore et accomplir ses premiers pas, la capitale du Nord se muait bientôt en une ville combattante où allait s'accomplir la révolution d'août 1945 et s'imposer un personnage issu du creuset villageois, qui avait pris pour nom Hô Chi Minh.

Nul texte ne peut mieux nous faire approcher cette figure emblématique sur la route et au seuil du pouvoir que le récit de Vu Dinh Huynh. Ce révolutionnaire, maître d'œuvre de la clandestinité, nous a livré, avant de disparaître en 1991, un témoignage qui avait été étrangement censuré, sans doute parce qu'il éclairait les arcanes de la révolution et faisait apparaître un oncle Hô aussi familier et humain que subtil et paradoxal dans la maîtrise de son jeu.

Alors qu'un écrivain tel que Nhât Linh, alias Nguyên Tuong Tam, dévoilait les deux engrenages antagonistes qui commençaient de s'entrechoquer, on observait l'un des effets déplorables des enchaînements de l'histoire : la violence répressive du colonialisme, incarnée par les manipulateurs et les tortionnaires d'une Sûreté dénoncée au début des années 30 par la journaliste française Andrée Viollis dans son livre *Indochine SOS*[2], a entretenu, voire suscité, chez les partisans de l'indépendance nationale, des tendances extrêmes qui devaient conduire à un totalitarisme destructeur.

La guerre d'indépendance menée de 1946 à 1954, en faisant éclater la cité du dragon à peine renaissante, la reléguait alors dans le secret de ses labyrinthes. Toutes les luttes politiques et guerrières, on le sait, doivent être soumises à une règle vitale, celle du silence

2. Paris, Gallimard, « NRF », préface d'André Malraux, 1935.

couvrant au moins l'essentiel et s'étendant sur tout ce qui permet de l'entrevoir. Ce fut ainsi que se prépara, dans des repaires extérieurs, enfouis dans les calcaires de la haute région, la prise de pouvoir qui devait s'accomplir au terme des grandes campagnes stratégiques achevées dans la cuvette de Diên Biên Phu. Cette pratique du secret ne devait pas se perdre dans les cercles dirigeants installés dans une Hanoi qui retrouvait sa vocation historique de capitale officielle de la nation viêt. Les débats qui les agitaient n'ont cessé de se dérouler à huis clos et les décisions prises ne pouvaient transiter que par le truchement de réseaux cloisonnés.

Aux yeux et aux oreilles extérieurs étaient destinées des propagandes manichéennes dont la tonalité était d'un rouge si exaltant et d'un rose si intense que les Hanoïens, par contraste et lassitude, ont fini par ne plus voir leur cité qu'en gris ou en noir.

Le clair-obscur et le renouveau

Les labyrinthes du temps de guerre se sont en effet développés à partir et autour du noyau central, qui ne put empêcher les dissidences de se manifester quand elles étaient trop vives, comme ces « cent fleurs » si vite écloses qu'elles n'ont guère pu vivre de printemps. Un seul trimestre de débats livrés au grand jour a été prolongé par des propos d'ombre et de vent qui se sont aigris au point que le pouvoir est passé de la purge, dite répression « rééducative », au procès pour trahison.

En l'absence d'archives, divers témoignages mettent aujourd'hui en lumière les dissensions soigneusement dissimulées dans le secret du sérail. Il apparaît que le réalisme souple et lucide de l'oncle Hô a été battu en brèche par le clan des doctrinaires imbus de maoïsme, qui ont choisi la voie de l'affrontement guerrier et imposé la ligne intangible coupant court à toute expression démocratique. On apprend comment, au fil d'un terrible combat contre le Goliath américain, un Lê Duc Tho, responsable de l'organisation au sein du Parti, a tenté d'écarter l'oncle Hô, comment Giap, le maître stratège, était opposé à l'offensive du Têt Mau Than en 1968 contre Saigon et les villes du Sud, comment enfin la mise en accusation d'un fidèle communiste tel que Hoang Minh Chinh, directeur de l'Institut de philosophie, dissimulait en fait une mise en question de la politique pragmatique de Hô Chi Minh, dont le secrétaire personnel Vu Dinh Huynh fut arrêté pour aller finir ses jours à l'ombre.

De l'escamotage du testament de l'oncle à l'érection d'un mausolée qu'il ne désirait pas, des affirmations bien-pensantes d'une langue de bois dur aux nausées retenues du monde intellectuel, Hanoi a vécu et continue de vivre ainsi au rythme particulier des paradoxes. Figée dans sa noble et antique dignité de capitale politique, elle ressemblerait aujourd'hui à une sorte de navire naviguant entre deux courants avec plus ou moins de bonheur.

Le fil des contestations nées en pleine guerre et soutenues par nombre d'écrivains n'a en fait jamais été noyé. Au contraire, les retombées de la perestroïka soviétique et la décision prise en 1986 de s'engager dans la voie du « renouveau », *dôi moi*, ont permis à des auteurs tels que Duong Thu Huong, Nguyên Huy Thiêp et Bao Ninh, pour ne citer que les plus célèbres, d'évoquer les désastres de la guerre et de dénoncer aussi bien les injustices de la réforme agraire que les contradictions du système et la dégradation des esprits.

Mais ce renouveau, s'il est réel et marqué par l'ouverture, sous peine d'étouffement, aux promesses de l'économie de marché, est encore grevé de lourdes hypothèques. Les doctrinaires n'ont pas dit leur dernier mot et les survivants de tant de conflits peuvent s'interroger sur l'ambiguïté de la libération et de l'unification nationales, et la réalité de la construction du socialisme : absence de perspectives pour la majorité populaire alors que l'ouverture économique aggrave les inégalités.

Comment pourrait-il en être autrement puisque le renouveau, s'il autorise tous les espoirs, en particulier ceux des affairistes et des étrangers, ne résout pas un certain nombre de problèmes tels que la surpopulation, l'habitat vétuste, la précarité sanitaire, les écoles désertées à cause des frais de scolarité élevés et des bas salaires des enseignants. Coupés du passé, les jeunes sont dépolitisés. Ils se forgent leurs propres valeurs, mais elles sont centrées sur la réussite et le mirage du billet vert, dans la société à deux vitesses qui se dessine. Face au chômage, certains défraient la chronique des journaux de la capitale. Karaoké et courses folles de motos dépourvues de freins en pleine ville sont les jeux privilégiés.

Certes, Hanoi elle-même, qui a toujours su garder sa personnalité à travers les remous de l'histoire, même au plus fort de la domination coloniale, garde son charme, qui tient surtout aux qualités de ses habitants et à ce qui reste de l'architecture du passé. Elle a bien failli être gravement défigurée par des projets d'aménagement qui auraient transformé l'antique cité et les alentours du Grand Lac en une champignonnière de ciment et de verre. Mais les autorités ont su changer de plan, à la suite de protestations et en considération d'une réalité : la population y atteint déjà les deux millions de personnes. La cité du XXIe siècle sera donc érigée à une cinquantaine de kilomètres de la ville, dont les vieux quartiers seront préservés en vertu d'un classement en monument historique.

Il convient en tout cas de formuler un espoir au seuil du troisième millénaire : puisse Hanoi, qui reçoit la visite d'innombrables touristes et accueille des Vietnamiens de la diaspora en quête de nostalgie ou d'affaires, devenir la capitale de tous les Vietnamiens réconciliés.

1. *La ville, son esprit*

Une cité-mémoire

Nguyên Van Ky

Hanoi plonge ses racines dans les méandres du Sông Hông, le fleuve Rouge, qui charrie ses flots de mythes et de légendes fondatrices. Cité-mémoire, village-capitale, Hanoi la gourmande parfume ses phuong *des saveurs du* pho, *cette soupe élevée au rang d'institution nationale, et nourrit également la plume des poètes et des romanciers.*

Hanoi, qui fêtera son millénaire en 2010, est l'une des plus anciennes capitales de l'Asie du Sud-Est. Après la reconquête de l'indépendance, les souverains de la dynastie des Ly (1010-1275) s'installèrent sur le site, aux dépens de l'ancienne capitale Hoa Lu[1]. La cité devait changer plusieurs fois de nom au cours de sa longue histoire. Elle s'est appelée successivement Thang Long, puis Dông Dô (capitale de l'Est), Dông Kinh[2] (capitale royale de l'Est) au XVe siècle, enfin Ha Nôi (la ville à l'intérieur du fleuve) au XIXe siècle, sur décision des Nguyên qui établirent alors leur capitale à Huê.

Du XVIIe au XIXe siècle, voire jusqu'au début du XXe, les Vietnamiens lui laissèrent sa dénomination populaire de Ke Cho (le marché). Historiquement, cette « terre millénaire aux dix mille choses » *(Dât nghin nam van vât)*, ainsi surnomme-t-on Hanoi, est le centre névralgique des activités politiques, économiques et culturelles du pays, mais géopolitiquement elle se situe en un point

1. Surnommée aujourd'hui la « baie d'Halong terrestre », site au paysage envoûtant.
2. Dông Kinh et Tokyo sont deux « lectures » ou deux transcriptions, l'une vietnamienne et l'autre japonaise, des deux mêmes caractères chinois.

sensible, à proximité de la Chine. Si l'empire colonial en a fait la capitale de l'Indochine française au détriment de Saigon, c'était une façon d'affirmer sa puissance et sa détermination face à cet Empire du Milieu toujours prêt à revendiquer sa suzeraineté sur la région. Le nord du Viêt-nam n'a cessé en effet d'être le premier fusible à faire sauter pour influencer, sinon dominer, l'Asie du Sud-Est. Cette position, source de difficultés et de conflits, explique pourquoi Hanoi a dû, pour exister et perdurer, non seulement se doter de fortifications, mais aussi se façonner une culture, une identité propre en s'appuyant d'abord sur des mythes fondateurs, des légendes, avant d'être l'œuvre des hommes.

Une ville sous les eaux

La cité d'aujourd'hui s'est édifiée, au propre comme au figuré, dans les méandres du Sông Hông, qui la traverse suivant un axe nord-ouest sud-est. Chargé d'éléments ferreux qui lui donnent sa couleur rouge brique et son nom, ce fleuve Rouge prend sa source dans les montagnes du sud-ouest de la Chine et se renforce, au niveau du mont Ba Vi, de plusieurs affluents dont la rivière Noire (Sông Da).

La zone de Hanoi, à l'origine marécageuse et criblée de lacs, vestiges de l'ancien cours du fleuve, a été gagnée, d'une part, sur les eaux de la mer et celles du redoutable fleuve Rouge, dont les crues pouvaient changer en une nuit la physionomie de la ville, et, d'autre part, sur la végétation luxuriante dont les traces se retrouvent dans les noms de certaines localités avoisinantes, Gia Lâm (forêt de banians), Mai Lâm (forêt de pruniers), etc. Sur cette zone inondable, les travaux d'endiguement ont toujours été la préoccupation majeure des habitants. À l'heure actuelle, la ville se trouve au-dessous du niveau des eaux en période de crues.

Avec quelque exagération, on a pu dire que Hanoi fut aux siècles derniers la Venise de l'Extrême-Orient : les gens se déplaçaient en embarcations sur un réseau complexe de voies de communication, lacs, rivières, canaux et arroyos, reliés les uns aux autres. Ces eaux omniprésentes modelèrent pendant longtemps la vie matérielle et culturelle de la cité. Elles étaient un élément à la fois vital et fatal, au point que « pays » se dit en langage affectif *dât nuoc* (terre-eau). Les Vietnamiens vivent cette dualité. À défaut de vaincre définitivement les eaux, ils s'approprient cette réalité pour s'en faire une alliée, voire l'élément constitutif de la nation, adaptation à l'environnement qui se traduit encore dans la langue : *nuoc nha* (notre pays) signifie littéralement « eau-maison », et *Nha nuoc* (l'État) « maison-eau ».

Légendes et sacrilèges

Depuis sa fondation en 1010 jusqu'au XVIIIe siècle, Hanoi s'est composée de deux parties distinctes : d'une part la ville impériale avec ses enceintes fortifiées dont la Cité interdite, la plus centrale ; et de l'autre l'ensemble des quartiers de commerçants et d'artisans, et d'habitations des serviteurs impériaux. Des ouvrages anciens, dont le *Dia du chi (Traité de géographie)* du lettré Nguyên Trai, fournissent quelques indications sur son étendue au XVe siècle. La citadelle de Thang Long était édifiée sur l'emplacement de l'ancienne forteresse Dai La (Grande Citadelle), construite au IXe siècle. Elle était plus petite que la fameuse citadelle à la Vauban édifiée en 1805 par le colonel du génie Olivier de Puymanel sous les Nguyên.

La cité impériale donc, siège du pouvoir, s'inscrit dans un carré[3] délimité au nord par le Grand Lac, au sud par l'actuelle rue du Pont-de-Papier, à l'est par l'actuelle place de Ba Dinh et à l'ouest par la rivière Tô Lich. À l'extérieur s'étendait le vieux Hanoi aux trente-six quartiers commerçants. La capitale était ainsi protégée sur le côté nord et nord-est par le fleuve Rouge, qu'une digue sépare du Grand Lac, et sur la partie ouest par la rivière Tô Lich, autre défense naturelle. La fertilité du sol alluvionnaire fut sans doute l'une des raisons qui décidèrent les dynasties successives à l'y maintenir jusqu'au XIXe siècle. Cette base matérielle, en

3. D'après la cosmogonie confucéenne, le carré symbolise la Terre, alors que le Ciel est représenté par un cercle.

l'occurrence alimentaire, permit à la capitale d'exister, de se développer et de se maintenir.

On connaît le lac de l'Épée restituée, avec la tortue mythique dépositaire de l'arme sacrée qui a permis à Lê Loi (1428-1433)[4] de vaincre les Ming chinois au XVe siècle après dix ans de résistance. Les Hanoïens aiment néanmoins à raconter l'origine légendaire et étymologique de Thang Long. Quand les bateaux de Ly Công Uân, fondateur de la dynastie des Ly, et de sa suite, venant de Hoa Lu, arrivèrent sur le site, un dragon d'or apparut pour les accueillir puis s'envola vers le ciel. Ce bon présage décida le roi à fixer la capitale en ce lieu, la baptisant Thang Long, qui veut dire justement « le dragon qui s'envole ».

Cet animal mythologique représente pour les Vietnamiens plus d'un symbole. Rappelons la légende nationale qui leur donne pour ancêtres le couple mythique, Lac Long Quân, descendant des dragons, et Âu Co, fille des fées. Les croyances populaires attribuaient encore au dragon le pouvoir de faire tomber la pluie, indispensable à la riziculture. Et selon le système de représentations chinois, pris en compte par la cour, il était également l'emblème du pouvoir impérial. Ainsi le nom de Thang Long réunissait gouvernants et gouvernés en une symbiose, en quelque sorte brisée au XIXe siècle par le transfert à Huê de la capitale, que les Nguyên achevèrent de vider de sa charge symbolique en la rebaptisant Ha Nôi (la ville à l'intérieur du fleuve).

À propos du Grand Lac, il existe deux versions légendaires sur son origine, aussi exquises l'une que l'autre. Lors de la fondation du pays, la région de Hanoi fut longtemps troublée par un renard à neuf queues. Lac Long Quân, le Seigneur-Dragon, s'engagea alors dans une bataille décisive pour en finir avec cet animal qui semait la terreur. Pourchassé, le renard se sauva éperdument : le sol marqué par la multitude de ses empreintes finit par s'effondrer et donna naissance au Grand Lac. Les vieux dépositaires de la mémoire avancent une deuxième version. Il était une fois un géant nommé Không Minh Không qui se rendit en Chine pour soigner la princesse tombée malade. Une fois qu'il l'eut guérie, le roi, en

4. Fondateur de la dynastie des Lê postérieurs (1428-1527).

signe de reconnaissance, lui dit d'aller prendre du bronze noir dans le dépôt royal. À son retour au pays, Không Minh Không fit fondre une cloche. Les sons de celle-ci résonnèrent jusqu'en Chine, où vivait un buffle d'or qui, en les entendant, crut reconnaître les mugissements de sa mère. Le buffle d'or arriva ainsi au Viêt-nam en suivant la direction d'où venaient les sons de la cloche. Ses traces laissées sur le sol de Hanoi devinrent la rivière Kim Nguu (buffle d'or), ancien bras de la rivière Tô Lich, et la forêt de *lim*[5], profondément piétinée, donna naissance au Grand Lac.

Des temples pour mémoire

Lieu de mémoire, Hanoi compte plus de mille temples et monuments divers. Depuis 1954, date de l'indépendance, plus de 200 ont été classés, sur un ensemble de 579 maisons communales, 676 pagodes et 261 temples répartis sur tout le territoire de la ville. La dynastie des Ly, marquée par le bouddhisme, fit construire nombre d'édifices religieux, dont la pagode à pilier unique, en 1049. La structure de cette dernière était inspirée de la forme générale du lotus, allusion au Bouddha en méditation sur cette fleur. Implantée dans un étang sur le côté est de la cité impériale, cette pagode a été maintes fois détruite puis reconstruite. Abattue lors de la première guerre d'Indochine par l'armée française, elle a été réédifiée après le conflit. Dans les années 70, un haut responsable du gouvernement envisagea de la faire démolir. Pourquoi ? Elle cadrait mal, dit-on, avec le site du mausolée de Hô Chi Minh en construction. Pour avoir protesté contre cette destruction, l'historien de renom et fort critique Trân Quôc Vuong se vit infliger une réprimande. Mais les contestations ont fini par faire avorter cette décision stupide, prise par des opportunistes incultes dans le seul but de se faire bien voir des dirigeants.

Plus au sud, le temple de la Littérature (Van Miêu) fut élevé en 1076 en hommage à Confucius et à ses disciples. Ce site servait

5. Arbre qui donne un bois très solide, dont la densité est plus forte que celle de l'eau (il coule). On l'utilise pour faire des charpentes ou des piliers qui soutiennent les toits.

aussi de lieu de rencontres, sorte d'académie où les lettrés attitrés de la cour se retrouvaient pour exceller dans la littérature classique. Par la suite, le Quôc Tu Giam, considéré comme la première université du pays, fut construit et attira des centaines d'étudiants, qui s'installèrent aux alentours afin de profiter du prestige de ce lieu illustre. À partir du XVe siècle, et plus précisément à partir de la session de 1442, les lauréats - tous masculins - des concours mandarinaux y furent immortalisés par des inscriptions sur stèle reposant sur une tortue de pierre, symbole de longévité. Les premières stèles furent édifiées en 1484 sous le règne de Lê Thanh Tông (1460-1497), réputé pour son humanisme et son érudition.

À l'extrême nord-est de la cité, au début de l'actuelle rue Thanh Niên, ancienne route du Grand-Bouddha à l'époque coloniale, se dresse face au Grand Lac le temple Quan Thanh, construit à l'avènement des Ly. Ce lieu de culte taoïste, dédié à l'origine à un génie protecteur très ancien, fut aussi l'une des seize portes-frontières de la ville, protégeant le côté nord. Depuis 1677, il abrite une statue en bronze noir du génie, haute de quatre mètres. À l'est du lac Bây Mâu (lac des Sept-Mères), et bien au sud du Petit Lac, un autre temple fut édifié au XIIe siècle et dédié aux deux sœurs Trung. Ces héroïnes tentèrent en vain, au Ier siècle de notre ère, de s'opposer à l'invasion chinoise. Elles se suicidèrent en se jetant dans les eaux d'un fleuve afin d'échapper à l'humiliation.

À l'ouest de la cité impériale s'élevaient deux autres monuments historiques datant du XIIe siècle : le temple des Éléphants couchés, implanté dans l'actuel parc zoologique, et la pagode Lang, située un peu plus au sud. Le premier protégeait le côté ouest de la capitale. L'autre, réputée pour son site pittoresque et ses nombreux vestiges dont plusieurs dizaines de statues remontant au XVIIe siècle, était le théâtre d'une fête annuelle, l'une des plus courues de Hanoi.

On peut dire que la ville actuelle fut façonnée par la dynastie qui la fonda. Celles qui lui succédèrent ne firent pour l'essentiel que la conserver en la rénovant et en faisant construire des palais, sortes de lieux de détente pour les dignitaires de la cour lors des sorties. Aucun de ces édifices n'a résisté aux violences de l'histoire. En 1216, la lutte entre factions rivales de la dynastie en déclin provoqua l'incendie et la destruction de la cité impériale, qui devait être reconstruite ultérieurement par la dynastie des Trân.

Du XVIe au XVIIIe siècle, Dông Kinh (capitale royale de l'Est) s'enrichit de palais seigneuriaux installés à l'extérieur de la cité impériale à cause des luttes entre la dynastie régnante des Lê, réduite à une fonction nominale, et les seigneurs Trinh, détenteurs du véritable pouvoir. Cette bipolarité engendra des situations chaotiques et une instabilité politique qui se traduisirent par plusieurs assassinats de rois Lê perpétrés par les seigneurs Trinh. En 1623, l'un de ceux-ci alla jusqu'à incendier la cité impériale. Cet événement provoqua, en 1787, l'incursion des Qing, appelés au secours par le dernier héritier des Lê. Mais les frères Tây Son, en révolte dans le Sud, profitèrent des troubles pour intervenir et libérer la capitale des occupants chinois. En 1789, la bataille de Dông Da, du nom d'une colline située à quelques kilomètres au sud de Hanoi, mit fin à l'expédition étrangère[6].

D'invasions en invasions

Terre de luttes et d'invasions successives, Hanoi fut maintes fois le théâtre d'opérations militaires entre les XIIIe et XIXe siècles : les Mongols l'envahirent à deux reprises au XIIIe siècle (1285 et 1287), avant d'être repoussés définitivement par les Trân, qui remportèrent une victoire navale décisive sur la rivière Bach Dang[7] ; les Chams firent deux incursions vers la fin du XIVe siècle, puis ce furent les Ming en 1406, et les Français enfin qui s'imposèrent en 1882.

Une fois bien installées, les autorités coloniales firent raser la citadelle à la Vauban construite un demi-siècle plus tôt. La cité impériale fut alors définitivement métamorphosée en un simple mirador *(côt co).* « Hanoi n'est pas une terre sainte au sens religieux

6. Les Tây Son ont réussi à unifier le pays, déchiré et partagé en deux depuis le XVIe siècle par deux seigneuries rivales, les Trinh au nord et les Nguyên au sud, avant d'être éliminés très peu de temps après par le fondateur de la dynastie des Nguyên (1802-1945), qui bénéficia de l'aide des Français, dont la conquête commença en 1858 par le Sud.

7. Un des bras du fleuve Rouge, qui se jette dans la mer de Chine au niveau de Haiphong.

du terme, mais une terre sacrée, écrit Nguyên Tuân. Quiconque de l'étranger l'offense doit payer de sa personne[8]. »

*

« Hommage » à Henri Rivière[9]

Je me souviens de lui
Il avait les cheveux bouclés
Son nez était long
Son derrière sur un âne
Il sifflait son chien
Son chez-soi était décoré de bouteilles
Dans son jardin, il ne faisait pousser que de l'herbe
Il est venu au village Mât Dô
Combattre les Pavillons noirs
Afin de rétablir la tranquillité des gens
Qui aurait pensé qu'ils lui trancheraient la tête
Qu'ils ont emportée avec eux
En laissant son corps sur place
Nous obéissons aux décisions de la cour [...]
Pour vous vénérer : un régime de bananes
Une tournée d'alcool, un panier d'œufs
Bon appétit, Monsieur
Que rien ne trouble votre tranquillité
Quelle misère, votre sort !
Merde à eux !

Les Vietnamiens ne manquent pas de faire remarquer que Francis Garnier, conquérant de Hanoi, laissa la vie en 1873 sur le pont du Papier. Dix ans plus tard, lors de la deuxième prise de la ville, Henri Rivière connut le même sort sur le même lieu. Mais le destin des défenseurs de la citadelle ne fut pas moins dramatique : Hoang Diêu et Nguyên Tri Phuong se suicidèrent l'un et l'autre devant l'avancée des forces coloniales françaises.

---

8. Nguyên Tuân (écrivain hanoïen, 1910-1987), « *Môt it lich su Ha Nôi* » (« Quelques histoires sur Hanoi »), in *Canh sac va huong vi dât nuoc (Paysage et saveur du pays)*, Hanoi, 1983, p. 170.
9. Anonyme.

Ville rurale ou village urbain ?

La cité millénaire fut aussi l'œuvre du peuple, qui lui donna une âme et une richesse culturelle de nature à compléter et à nuancer l'aspect austère de la culture académique.

Les voyageurs occidentaux du XVIIe siècle estimaient le nombre de foyers de la cité à 20 000, ce qui correspond à une population de l'ordre de 100 000 habitants. On n'en dénombrait plus que 60 000 au début du XIXe siècle ; le transfert de la capitale à Huê avait en effet vidé la cité d'une partie de sa population.

Les Français aimaient à répéter que « Hanoi était un grand village », affirmation non dénuée de sens. Le mouvement de peuplement urbain, sans jamais être irréversible, n'a guère changé depuis sa fondation jusqu'à nos jours ; seule son ampleur a varié avec les époques et en fonction du contexte politique, économique et social. Cette migration croissante ne constitua pas pour autant un exode rural, car la campagne demeurait pour les citadins un lieu de refuge sûr en cas de guerre ou de tempêtes sociales. La cité a exercé son attraction sur les villages environnants comme la lumière sur les insectes nocturnes, en raison de sa réputation de lieu de négoce actif. À l'époque coloniale, plus précisément dans les années 30, l'afflux des villageois ruinés fut tel que la municipalité de Hanoi les ramassait tous les mois par centaines pour les parquer au dépôt de mendicité situé à Bach Mai, en périphérie. De nos jours, les paysans pauvres du delta viennent alourdir une densité démographique déjà importante. On trouve ainsi beaucoup de mendiants originaires de Thai Binh, province du delta surpeuplée depuis plusieurs décennies.

Les ruraux transplantés dans ce milieu social de type citadin n'abandonnaient pas pour autant leurs usages, leur mode de vie et leur savoir-faire. Car, avant de quitter leur terre natale, ils avaient rempli leurs bagages de pratiques sociales et spirituelles, façon de préserver le passé pour affronter l'avenir. Ils venaient en général accompagnés de leur famille, voire de leur clan, et s'installaient comme artisans ou commerçants, n'en continuant pas moins dans le quotidien à conserver le mode de vie du village. La manière dont certains Hanoïens de fraîche date s'accroupissent, les pieds posés sur leur petit tabouret au ras du sol ou sur le fauteuil d'une salle de spectacle, est révélatrice de cet état d'esprit, comme de vivre au jour le jour sans se soucier du long terme.

Un espace de vie : le « phuong »

Si l'organisation rurale de base est le village, on trouve sa réplique urbaine dans le *phuong*, mot que l'on traduit généralement par « quartier » et qui remonte au plus tard au XIIIe siècle. Mais les fonctions des *phuong* dépassaient largement leurs attributs administratifs, car ils regroupaient chacun un ou plusieurs corps de métier, le plus souvent originaires d'un même village. Le *phuong* était un espace multidimensionnel qui, au même titre que le village, mais avec une population plus homogène, avait ses coutumes, ses fêtes, ses cultes, ses génies et son territoire propres. L'espace géographique favorable à son implantation se situait à l'extérieur de l'enceinte impériale ; l'image la plus représentative en est le vieux Hanoi, délimité à l'est par le fleuve Rouge, au sud par la bordure sud de l'actuel lac de l'Épée restituée, le Petit Lac de l'époque coloniale, qui occupait une superficie bien plus grande qu'à l'heure actuelle, et à l'ouest par les fortifications de la cité impériale. Afin d'échapper à l'isolement et à la marginalisation, les émigrés de l'intérieur, ici comme ailleurs, se rassemblaient pour tenter de reconstituer une force, fût-elle économique ou sociale. Sans jamais rompre les liens avec leur région d'origine, du moins en théorie, ils servaient *de facto* de relais de transmission entre les deux mondes. Schématiquement, leur vie comportait deux dimensions : sociale en ville et affective à la campagne. Lieu de rassemblement familial rythmé par les grandes occasions comme le Têt (nouvel an selon le calendrier lunaire) ou l'anniversaire de la mort des ancêtres célébré avec toute la solennité du culte, la campagne servait aussi de lieu de retraite sociale : pour ne pas se compromettre, le lettré en désaccord avec le pouvoir se retirait chez les siens au village.

Le peuplement progressif des quartiers populaires de Hanoi était de la sorte caractérisé par deux facteurs : liens familiaux et aptitudes professionnelles. Un exemple illustre les relations étroites entre la ville et la campagne dans un système de division du travail. La rue Hang Dao[10], connue des Français à l'époque coloniale et de nos jours sous le nom de rue de la Soie, était (et est encore) occupée par les commerçants en soieries qui revendaient leurs marchandises achetées aux localités limitrophes spécialisées dans la fabrication de ces produits. Il en était ainsi pour bien d'autres artères de Hanoi.

Mais la rue est aussi un lieu de mémoire. En 1907, le numéro 10 de Phô Hang Dao abrita le siège du mouvement Dông Kinh Nghia Thuc (École de la juste cause), dirigé par Luong Van Can et des lettrés en rupture de ban avec l'enseignement traditionnel. Utilisant le *quôc ngu*[11] comme nouveau véhicule du savoir, ils y dispensaient jour et nuit des cours gratuits à tous ceux qui désiraient s'initier à l'esprit moderne. Cette école, qui servait en fait de couverture à leurs activités politiques antifrançaises, fut fermée au bout de quelques mois d'existence par les autorités en place.

La rue pour mémoire

Le nom des artères nous fournit des indications sur le passé, notamment sur le caractère aquatique de la ville. Ainsi la rue Hang Be, ou des Radeaux, qui était située sur un embarcadère, et la rue Hang Buôm, ou des Voiles, vouée au commerce des voiles de bateaux. Il y avait autrefois, et jusqu'au XIIIe siècle, des courses de pirogues, sur les lacs et rivières de la ville, telles qu'on peut en voir encore au Laos, au Cambodge et en Thaïlande. Il est permis de supposer que les embarcations remontaient alors le cours du fleuve Rouge, où le trafic fluvial était intense, jusqu'à l'ancienne Thang Long, lieu de passage et de négoce.

10. *Hang* signifie « marchandises » et *dao* veut dire « pêche ». Au premier abord, ce nom ne semble pas correspondre au principe général d'après lequel la rue porte le nom des marchandises qui s'y trouvent. En fait, le terme *dao* évoque ici le rose foncé des fleurs de pêcher. Les Hanoïens désignaient par ce vocable la teinture des soieries en rose foncé, couleur dominante chez les commerçants. La teinture était l'affaire des spécialistes demeurant dans cette rue, car les fabricants de soieries ne vendaient que de la soie brute.

11. Écriture romanisée mise au point par le père jésuite Alexandre de Rhodes et d'autres missionnaires au XVIIe siècle.

Depuis le XIXe siècle jusqu'au conflit sino-vietnamien de 1979, la rue des Voiles fut surtout réputée pour la qualité culinaire des restaurateurs chinois venus s'y installer dès le XVIIe siècle. Les Chinois se regroupèrent également dans l'ancienne rue Phuc Kiên (du nom de la province de Fujian dont ils étaient originaires), actuelle rue Lan Ông (nom emprunté à un pharmacien traditionnel du XVIIIe siècle), qui partage avec la rue Thuôc Bac (rue des Médicaments chinois), voisine, la même spécialité, celle de la pharmacopée traditionnelle. Après les hostilités à la frontière vietnamienne, la communauté chinoise de Hanoi, prise en otage, a été obligée de plier bagage.

On ne peut parler de la rue des Voiles sans évoquer un lieu de culte plus vieux que la ville elle-même, le temple Bach Ma (du Cheval blanc), qui remonte au IXe siècle. D'après la légende, quand Ly Công Uân, fondateur de la dynastie, transféra la capitale de Hoa Lu à Thang Long, il dut faire bâtir à plusieurs reprises, pour la protéger, une citadelle qui s'écroulait aussitôt édifiée. Ce jeune monarque recourut alors à une cérémonie solennelle pour invoquer les esprits protecteurs susceptibles de l'aider dans son entreprise. Un cheval blanc sortit alors du temple Bach Ma et fit le tour de la citadelle, avant de retourner d'où il venait. L'empereur comprit le message : il fit cette fois édifier les fortifications en suivant les traces laissées par l'animal fétiche, ce qui les empêcha de s'effondrer. Pour témoigner de sa reconnaissance, il érigea le cheval au rang de génie protecteur de la capitale.

Ce temple du Cheval blanc était doublé d'une autre fonction, celle de porte-frontière est de la cité. Il fut abandonné et laissé en ruine pendant des décennies, au cours desquelles fut menée une lutte à outrance contre les superstitions. Ces dernières années, il a été rénové et rendu à la population du quartier, en charge de le faire vivre.

La rue Hang Trông (des Tambours, rebaptisée Jules-Ferry par les colons) offre un cas différent, celui où le commerçant était lui-même fabricant. Elle était autrefois habitée par trois corporations : celle des fabricants de tambours, originaires de la province de Hai Hung à une cinquantaine de kilomètres à l'est de Hanoi ; celle des fabricants de parasols, venus du village de Dao Xa, dans la province de Ha Tây, à une trentaine de kilomètres au sud de la capitale ; enfin celle des imprimeurs et dessinateurs de gravures populaires, émigrés de la province de Ha Bac [12], qui borde le nord-est du territoire de la ville. À l'heure actuelle, on n'y trouve aucune de ces trois spécialités, ce qui a modifié la physionomie des lieux. Depuis 1954, l'organe officiel du Parti communiste, *Nhân dân (Le Peuple)*, y a établi son siège, en bordure du Petit Lac, et, pour retrouver les artisans graveurs et imprimeurs, il faut aller au village de Dông Hô, dans la même province de Ha Bac, l'une des rares localités qui aient su préserver cette tradition. À l'approche du Têt, le marché y est inondé de ces gravures à l'ancienne, véritable festival de couleurs vives, prémices des réjouissances.

D'autres rues ont gardé leur nom d'une époque révolue. Ainsi, Hang Bac, ou rue de l'Argenterie (rebaptisée rue des Changeurs par les Français), regroupait trois corps de métiers : les fondeurs de monnaie, les changeurs et les orfèvres, tous originaires des provinces avoisinantes. Les premiers, qui y avaient bâti un temple pour vénérer le fondateur du métier, cessèrent leurs activités au XIXe siècle avec le transfert de la capitale à Huê, tandis que les seconds continuèrent leurs opérations de change pendant la colonisation. Quant aux orfèvres, ils avaient également édifié un temple dans une autre rue voisine en hommage au fondateur de leur spécialité.

La rue du Chanvre, Hang Gai, est un lieu de mémoire plus complexe. Autrefois, on y fabriquait et vendait des cordes de chanvre tressées, avant qu'au XIXe siècle ne viennent s'installer des ateliers de gravure et d'imprimerie. Le vice-roi vietnamien y avait sa demeure, en face de laquelle les Français établirent la première résidence du Tonkin, siège du nouveau pouvoir colonial. Quant à Hang Chiêu, ou rue des Nattes, le conquérant devait la débaptiser pour lui donner le nom de l'instigateur de la conquête du Nord, le négociant et marchand d'armes Jean Dupuis, qui y ouvrit en 1872 un établissement. Hang Non, ou rue des Chapeaux, est marquée par un autre souvenir, celui du syndicat Rouge qui tint en

12. Depuis le 1er janvier 1997, la province de Ha Bac est scindée en deux : Bac Ninh et Bac Giang. On revient ainsi aux anciennes frontières provinciales de l'époque coloniale.

1929 au numéro 15 son premier congrès. La mémoire révolutionnaire enrichit également Hang Ruoi, la rue des Vers-Blancs, où se tenait chaque année, au neuvième mois lunaire, un marché aux néréides, produit du terroir très apprécié. En 1930, le numéro 4 abrita la permanence du Comité central du Parti communiste, nouvellement fondé.

D'autres rues du vieux Hanoi ont connu des destinées moins politiques. Hang Than, ou rue du Charbon, avait d'abord été un débarcadère où la pierre à chaux était livrée aux fours installés le long du fleuve, puis un marché au charbon. Citons encore Hang Giây, rue du Papier, où les commerçants vendaient le papier acheté aux fabricants qui habitaient le village de Buoi, situé à l'extrême ouest du Grand Lac. Au début de la colonisation, des maisons de chanteuses s'y installèrent, avant de déménager dans les années 20 à la périphérie de la ville.

Curieusement, aujourd'hui, aucune rue de Hanoi ne s'appelle rue du Riz. Autrefois, le commerce de cette céréale vitale pour les Vietnamiens se pratiquait soit au marché, où les consommateurs traitaient la plupart du temps directement avec les producteurs, soit sur les embarcadères placés le long des cours d'eau. À l'époque coloniale, la rue du Riz, Hang Gao, qui a donc bien existé, passait devant le marché Dông Xuân, dont elle prit le nom après l'indépendance suite à la collectivisation généralisée du secteur agricole, qui entraîna la disparition du négoce rizicole.

Ce sont tous ces processus d'implantation et de changements imposés par l'histoire qui ont façonné le « Hanoi aux trente-six quartiers », peuplé de commerçants et d'artisans - l'expression, connue depuis le XVe siècle, fut popularisée dans les années 40 grâce à sa reprise par l'écrivain Thach Lam comme titre d'un récit.

Des villages-labyrinthes

En fait, la ville était prise d'assaut et noyautée par la campagne. En 1946, 118 villages de l'agglomération hanoïenne participèrent aux premières élections législatives, après la déclaration d'indépendance l'année précédente. Certaines localités de Hanoi même conservent de nos jours encore leur appellation de « village » *(lang)*. Après d'innombrables découpages administratifs effectués depuis 1954, Hanoi *intra-muros* est actuellement divisée en cinq arrondissements, subdivisés à leur tour en *phuong*, et sa périphérie en cinq districts fractionnés en communes regroupant un ou plusieurs villages.

Les maisons hanoïennes, d'apparence modeste par la largeur de leur façade, réservent bien des surprises à ceux qui y pénètrent pour la première fois, car la profondeur de certaines d'entre elles peut atteindre une cinquantaine de mètres, d'où l'appellation de *nha ông* (« maisons en tubes »). On remarque en passant que ce mode d'occupation de l'espace, d'origine chinoise, fut adopté par les Vietnamiens après une longue domination de l'Empire du Milieu. D'ordinaire, les Vietnamiens préfèrent plutôt des constructions larges et moins profondes, comme on les voit à la campagne.

En été, les orages et les pluies torrentielles qui inondent les rues rafraîchissent la cité accablée de chaleur. En hiver, par contre, le ciel bas et le crachin chargés de mélancolie la plongent dans une grisaille métaphysique. Ce sont les tableaux de Bui Xuân Phai [13], à dominante grise, qui représentent sans doute le mieux le type d'architecture qu'on rencontre dans le vieux Hanoi. Les petites maisons juxtaposées, dont les toits de hauteur inégale forment un ensemble disparate, bercent l'imagination. Autrefois, les toits étaient en chaume et les murs en torchis ; seuls les riches avaient les moyens de bâtir un logement en dur : charpentes en bois précieux, murs en brique, toit en tuile et sol dallé. À l'arrivée des Français, au XIXe siècle, une bonne partie des habitations des quartiers populaires étaient des paillotes.

Ces quartiers peuvent communiquer les uns avec les autres par d'innombrables ruelles *(ngo)* qui soulignent la profondeur des habitations et leur enchevêtrement. La rue Khâm Thiên, réputée pour ses maisons de chanteuses dans les années 30 et bombardée en décembre 1972 par un B52 de l'US Air Force, ne compte pas moins de vingt-six ruelles, un record. Cet ensemble était un véritable labyrinthe, favorable lors de la colonisation à l'implantation

13. Peintre hanoïen (1921-1988) dont les œuvres sont actuellement très cotées.

de fumeries et de maisons closes ; elles y échappaient plus ou moins au contrôle des autorités.

Le charme pittoresque dégagé par les vieilles maisons contribue à façonner l'identité de la ville. Hanoi truffée de tours gigantesques perdrait sans doute son âme. La sauvegarde de la ville ancienne, confrontée aux enjeux économico-financiers, pose problème. Les Hanoïens purent s'indigner à la vue de nouveaux complexes immobiliers élevés ces dernières années autour du Grand Lac. Quant à l'aménagement du Petit Lac, les autorités ont prêté l'oreille aux protestations et décidé de ramener à cinq étages la hauteur d'un grand hôtel qui devait en compter une douzaine. Grâce aux efforts des amoureux de Hanoi et aux appuis d'une organisation suédoise, la raison a fini par l'emporter : le vieux Hanoi vient d'être classé monument historique par la ville. D'un autre côté, l'extension de la capitale se fera vers l'ouest. Le Hanoi du XXIe siècle (centre d'affaires, zone industrielle, université, habitations prévues pour quelque 200 000 personnes) sera implanté, d'après le récent plan d'urbanisme, dans la région de Xuân Mai, à une cinquantaine de kilomètres de Hanoi. Au-delà du pittoresque, les autorités doivent tenir compte d'une lourde réalité : la ville compte plus de deux millions d'âmes.

Une cité de gourmets

On ne saurait évoquer Hanoi sans l'un de ses plaisirs les plus appréciés, la gastronomie. C'est d'ailleurs investie de sa réputation de ville de gourmets qu'elle est entrée dans la littérature vietnamienne. Thach Lam lui a consacré de belles pages dans son *Hanoi aux trente-six quartiers* et, plus près de nous, Vu Bang, saisi par la nostalgie de son Nord natal alors qu'il résidait au Sud, a écrit un long récit intitulé *La Bonne Chère de Hanoi (Mieng ngon Ha Nôi)*, publié à Saigon dans les années 60. Plus récemment encore, Duong Thu Huong n'oublie pas cet aspect dans son roman *Les Paradis aveugles*.

Le moins qu'on puisse dire est qu'à Hanoi la diversité culinaire le dispute à la subtilité et à la richesse des saveurs. À chaque moment du jour ou de la nuit, à chaque saison, à chaque sexe et pratiquement à chaque âge correspondent des boissons et des mets particuliers. On y a en outre l'avantage de pouvoir profiter d'une qualité importante du négoce local : le commerçant hanoïen sait allier les impératifs de la spécialisation à une solidarité tacite avec ses voisins et néanmoins concurrents. Le marchand de soupe tonkinoise, le fameux *pho*[14], par exemple, ne sert pas de boissons. Si un client souhaite se désaltérer, le restaurateur passe simplement la commande à une buvette proche. S'il désire boire du thé ou fumer une pipe à eau, une vieille dame installée à proximité le servira. Sans doute le charme de ces dégustations en plein air n'empêche pas l'invasion des modes extérieures, surtout à l'heure de l'ouverture économique. Comme dans toute l'Asie du Sud-Est, siroter du whisky à table constitue une marque de distinction sociale dans un Viêt-nam en pleine mutation. Cette occidentalisation a pourtant ses origines dans certaines habitudes du passé. En Asie du Sud-Est, les convives d'un banquet avaient coutume de boire de l'alcool de riz, mais, avec l'introduction des produits européens, ceux qui jouissaient d'une situation enviable dans la société finirent par lui substituer le whisky, signe de savoir-vivre moderne.

Cependant, la boisson alcoolisée la plus populaire est la bière, introduite elle aussi par des Occidentaux, au XIXe siècle. La fameuse 33 de la brasserie française de l'époque coloniale reconquiert aujourd'hui sa renommée sous la nouvelle marque 333. Les Vietnamiens l'appellent « Trois-trois » et la consomment avec des glaçons. Il est courant de voir des groupes d'hommes se retrouver entre eux, un demi pression ou un verre de « Trois-trois » en main, dans les échoppes proposant des plats de « chèvre », dont le nom vietnamien, *dê*, signifie au figuré « lubrique ». Un certain rituel préside à ces réunions. On commence en général par un petit verre d'alcool de riz mélangé à du sang de chèvre, mixture dont les effets sont supposés virilisants. Pour fêter une occasion exceptionnelle, on préfère du serpent, dont on boit le sang dilué dans de l'alcool, véritable potion censée remédier au mal de dos. Après quoi, on déguste les « sept plats » et, dans la bonne humeur, on convie les invités

14. Voir le texte de Nguyên Tuân p. 40.

d'honneur à avaler « cent pour cent » (cul sec) une macération alcoolisée de serpent et de produits pharmaceutiques traditionnels.

Hanoi ne serait pas Hanoi sans le *cha ca*, sa spécialité. Ce mets séculaire se compose de morceaux de poisson grillés au feu de bois, servis sur un réchaud et accompagnés de vermicelles, d'herbes (ciboulette, aneth, coriandre) et d'une sauce de crevette *(mam tôm)*. La popularité et la réputation en sont telles qu'une rue porte depuis 1954 le nom du restaurant La Vong, qui fut jusqu'à une date très récente le seul de tout le Viêt-nam à en servir[15]. Doan Xuân Phuc, fondateur du restaurant, était un paysan originaire de la région de Bac Ninh. Il fut l'un des compagnons de Dê Tham, résistant qui mena la vie dure aux forces françaises et fut traité en pirate. Lorsque ce dernier fut traqué, Phuc dut se replier sur Hanoi, où il créa le restaurant, qui servit de lieu de contacts secrets entre partisans. Après la capture de Dê Tham et son exécution, en 1913, Phuc s'établit définitivement à Hanoi comme restaurateur. Ses descendants continuèrent avec succès l'exploitation de l'établissement.

Avec l'ouverture économique, la ruelle, *câm chi*, a retrouvé sa réputation de lieu aux trente-six mille saveurs. Du matin jusqu'à une heure tardive de la nuit, les marchands se relaient selon leur spécialité sur le même emplacement, sûrs d'y trouver une clientèle empressée. On y trouve de tout : depuis les gâteaux de riz à un prix dérisoire jusqu'aux plats savamment cuisinés, comme du poulet, du pigeon ou du canard mijotés aux produits pharmaceutiques traditionnels, en passant par une multitude de variétés de potage aux vermicelles. La ruelle est aussi un lieu de rendez-vous très fréquenté. Ainsi, les jeunes motards qui se livrent aujourd'hui à des courses folles en pleine ville, provoquant terreur ou fascination, s'y retrouvent en simples consommateurs pour déjouer les recherches de la police lancée à leurs trousses.

L'été, pour se désaltérer, rien ne vaut sans doute un verre de canne à sucre pressée et légèrement parfumée au jus et au zeste de citron. L'hiver, l'odeur dégagée par la canne à sucre cuite sur la

---

15. Pour plus de détails sur ce plat, voir l'article de Nguyên Thi Huong Liên, « *Nha hang La Vong va mon dac san cha ca* » (« Le restaurant La Vong et la spécialité *cha ca* »), in *Van hoa dân gian (Culture populaire)*, n° 2, 1990, p. 30-32.

braise ou à la vapeur défie toute résistance à la dégustation. Sur le chemin de l'école, les enfants croquent à longueur de journée les tiges de canne à sucre écorcées et précoupées en rondelles.

Rituels gourmands

Comme beaucoup d'autres villes d'Asie, Hanoi est matinale. Bien avant que les haut-parleurs publics commencent à diffuser des textes officiels ou des rappels à l'ordre, on entend retentir dans les ruelles les cris des marchands ambulants qui réveillent l'appétit et tentent le diable gourmand qui somnole encore. À chacun d'eux son quartier et sa clientèle. On propose toute une gamme appétissante de « riz gluant » : nature, au soja, au sésame, aux cacahuètes, aux échalotes grillées, etc. Beaucoup de Hanoïennes assaillent, entre deux courses, les marchandes ambulantes de vermicelles aux crabes *(bun riêu cua)*[16] ou aux escargots *(bun ôc)*, deux plats typiquement féminins, également appréciés des hommes.

> Qui a remarqué, écrit Thach Lam, en passant au moment creux de l'après-midi ou tard dans la nuit devant les maisons de chanteuses ou les maisons de tolérance, les femmes qui dégustent ce plat *[bun ôc]* avec diligence et attachement ? Le bouillon acide crispe leurs visages fardés et fatigués, le piment fort fait bruire et chuchoter les lèvres fanées et, parfois, fait couler des larmes qui sont plus sincères que des larmes d'amour. Cette marchande possède un outil dont l'un des deux bouts est un marteau et l'autre une pointe. Un petit coup, puis un tour de main, et l'escargot entier tombe dans un bol de bouillon. Et pourtant cette cadence n'arrive pas à suivre le rythme des services. En regardant les autres manger, elle-même en a envie, me confia-t-elle[17].

C'est également au petit matin que l'on savoure les *banh cuôn*, sortes de raviolis servis avec des échalotes grillées et des lamelles de pâté de porc *(gio)* ; on trempe le tout dans la sauce de poisson *(nuoc mam)*. L'après-midi est en général réservée à la gourmandise.

16. On recueille uniquement la substance de l'intérieur de la carapace, pour en faire le bouillon.
17. Thach Lam, *Ha Nôi 36 phô phuong (Hanoi aux trente-six quartiers)*, Hanoi, éditions Doi nay, 1943.

Entre deux repas, on se précipite sur les œufs de cane couvés, qu'on saupoudre de sel et de poivre avant de les croquer avec des pousses de renouée odorante, ou sur le *che*, sucrerie à base de soja ou de haricot noir, de grains de lotus ou de riz gluant. Ce dessert typiquement vietnamien est servi dans de petits bols et parfumé à l'essence de banane.

L'automne est certainement la saison la plus agréable et la plus appréciée des Hanoïens. Il a également ses spécialités. On récolte avant terme une espèce de riz gluant pour en faire le *côm*, identifiable à sa couleur verte, le vert des feuilles de bananier. Cette friandise peut être préparée de différentes façons : certains la préfèrent poêlée et légèrement sucrée, d'autres la dégustent nature. Riches ou pauvres, cultivés ou non, les Hanoïens qui se respectent ne peuvent se passer de ce délice, voire de cette marque d'identité culturelle.

Contrairement à la cuisine chinoise, très riche et très savante, la cuisine vietnamienne, du moins celle du peuple, se prépare avec des ingrédients tout à fait ordinaires. Les Hanoïens déploient leur ingéniosité dans l'art d'accommoder les éléments. Par exemple, un autre plat typique de Hanoi, mais dont la renommée n'atteint pas celle du *pho*, le *bun cha*, préparé avec de simples petits morceaux de porc grillés à la braise et servis avec des vermicelles, de la salade, des herbes et l'inévitable sauce de poisson, a une saveur inégalée. Comme dans tous les plats vietnamiens, la viande y est l'élément indispensable, mais elle n'a pas le même rôle ni n'occupe la même proportion que sur une assiette occidentale. Elle est avant tout un des éléments donnant le goût, la base restant le riz : « manger » ne se dit-il pas ici, comme ailleurs en Asie, « manger le riz » *(an com)* ? Dans le *bun cha*, on lui « substitue » les vermicelles, préparés avec du riz gluant. En passant par la rue des Poulets (Hang Ga), les habitués peuvent humer le fumet de cette spécialité, émanant d'une boutique tenue par un couple d'âge mûr. Le mari partage la tâche avec sa femme : sur le trottoir, il surveille les grillades et, au besoin, branche son petit ventilateur pour attiser le feu, tandis que dans la petite salle son épouse sert les clients, qui l'appellent *chi* (grande sœur) ou *cô* (petite tante paternelle). Un cas assez rare à Hanoi, où l'on voit la Vietnamienne trimer à longueur de journée et le mâle vietnamien dans les buvettes. Ce couple a même décliné l'offre d'un « homme d'affaires », qui voulait transformer son local en mini-hôtel, pour se contenter de vivre de son petit commerce.

*

Le pho[18]

Le pho est aussi un plat très populaire. [...] Beaucoup parmi nos concitoyens ont mangé du pho dès leur tendre enfance, l'âge où l'on n'a pas encore goûté aux malheurs, ni besoin, à la différence des adultes, de complications du genre ciboulette au goût piquant, citron bien acide et piment. Les enfants des pauvres se contentent du pho sans viande.

On peut manger du pho à n'importe quel moment de la journée, tôt le matin, à midi, le soir ou tard dans la nuit. [...] Personne n'oserait refuser l'invitation d'une connaissance à aller prendre un pho. Le pho permet aux gens modestes d'avoir les moyens d'exprimer leur sincérité envers les amis. Le pho a encore ce côté génial qu'on lui trouve un sens en toute saison. L'été, après un bol de pho qui fait transpirer, un coup de vent léger qui frôle le visage et le dos donne l'impression que le ciel nous évente. L'hiver, un bol de pho bien chaud rougit les lèvres blêmes et refroidies, et équivaut pour les pauvres à une veste doublée sur le corps. [...]

Le pho a ses propres règles, comme les noms des échoppes. Le nom du vendeur de pho ne comporte en général qu'une seule syllabe, son nom « vulgaire », ou bien il arrive qu'on emprunte le nom de son fils pour nommer son échoppe ou son pho ambulant, par exemple Pho Phuc (le pho du Mérite), Pho Lôc (le pho de la Générosité), Pho Tho (le pho de la Longévité). [...] Parfois, une infirmité du corps jugée sympathique devient le nom de la boutique : Pho Gu (le pho du Bossu), Pho Lap (le pho du Bégayeur), Pho Sut (le pho du Bec-de-lièvre)... Les Hanoïens repèrent l'endroit où le vendeur a l'habitude de s'installer pour le surnommer : Monsieur Pho de l'Hôpital, Monsieur Pho de la Grille, le Jeune Pho sous le Pont... Parfois, le nom reprend un signe distinctif dans la façon dont le vendeur s'habille. Le calot que portait un vendeur

18. Cet article de Nguyên Tuân est paru pour la première fois dans les n°s 1 et 2 de la revue littéraire *Van*, les 10 et 17 mai 1957. Extrait traduit par Nguyên Van Ky.

à l'époque française devint son nom, et le Pho Calot jouit par la suite d'une réputation sans pareille dans toute la capitale. [...]

Mais la spécialité du pho comporte des aspects qui transgressent les règles. À mon avis, le principe repose sur le fait qu'il doit être préparé avec du bœuf. Peut-être le pho serait-il meilleur avec de la viande d'autres animaux (à quatre pattes, ailés, etc.), mais si c'est du pho, il doit être préparé avec du bœuf. S'agit-il d'une transgression des règles quand on le prépare avec du canard, avec du porc à la chinoise, avec du rat ? [...] Le milieu populaire est attaché au pho classique. Aujourd'hui, certains s'amusent à l'assaisonner de sauce de soja et d'ingrédients chinois ; c'est le droit des riches. [...] En réalité, le véritable goût du pho pour un connaisseur, c'est celui du pho au bœuf cuit, qui est plus parfumé qu'au bœuf ébouillanté et dont l'odeur traduit bien l'esprit du pho. En outre, sur le plan décoratif, les artistes trouvent toujours que du bœuf cuit se présente mieux que du bœuf ébouillanté. En général, ceux qui ne se respectent pas coupent du bœuf cuit à l'avance en tout petits morceaux, qui ne ressemblent à rien et, quand les clients arrivent, ils les servent tels quels dans les bols ; ceci est sans importance pour ceux qui se remplissent le ventre au plus vite. [Mais] quand un habitué difficile arrive, même s'il ne connaît pas encore son nom mais qu'il a déjà remarqué ses goûts, le patron pose son couteau sur un beau morceau de bœuf cuit pour le couper en morceaux très minces mais bien larges, avec le grand plaisir de celui qui montre aux autres ce qu'il sait faire de mieux. [...]

Parmi certains intellectuels soucieux de l'avenir, on se rappelle l'un d'eux qui s'est demandé « si, le jour où l'économie du pays atteindra le stade suprême du socialisme, notre pho national ne risque pas de disparaître et si on mangera du pho en boîte qu'on devra chauffer dans l'eau bouillante avant d'ouvrir, ce qui gonflera les pâtes ». Il s'est vu rétorquer par l'un des clients dans une échoppe : « Que le diable vous emporte ! Arrêtez de spéculer sur le jour où le ciel nous tombera sur la tête. [...] Tant qu'il y aura des Vietnamiens, le pho survivra. Dans l'avenir, le pho sera aussi chaud que celui d'aujourd'hui, et peut-être plus parfumé encore. Notre bol de pho ne pourra jamais être mis en boîte, à l'américaine ; le Hanoïen que je suis peut vous dire que cette grossièreté ne pourra jamais exister. » [...]

Quand j'épilogue sur le pho, au bout d'un certain temps je finis toujours par penser à une très chère amie avec qui j'allais prendre un pho en parlant de tout et de rien. Comme beaucoup de gens, elle est partie dans le Sud pour une raison quelconque de fierté. Depuis, à chaque fois que je découvre une échoppe propre qui fait du bon pho, je ne peux m'empêcher de penser à elle qui aimait le piment fort ; en outre, par superstition, elle attribuait la facilité de gagner sa vie aux lieux où l'on trouve du piment fort qui vous enfle les lèvres. À chaque fois que je prends un pho au piment fort qui me brûle les lèvres, mes sentiments amicaux pour cette amie partie dans le Sud deviennent plus forts également. [...] Je sais qu'il y a du pho dans le Sud, et même du pho à la manière du Sud, mais le pho qu'on prend sur le trottoir de l'émigration n'est jamais aussi bon que celui de Hanoi, préparé à la tradition-nelle, qu'on prend à côté d'un feu en plein centre de la « cité aux dix milles choses ». *Nguyên Tuân*

Une floraison de poètes et de romanciers

Terre de culture, Hanoi vit éclore dans les années 30 toute une floraison de poètes, de romanciers et de journalistes, dont l'empreinte dans l'histoire littéraire du Viêt-nam bénéficie aujourd'hui d'une certaine considération, contrairement aux décennies précédentes, où un grand nombre de ces intellectuels furent occultés. Le paradoxe est que cet essor fut rendu possible grâce à leurs idées anticolonialistes dissimulées pour quelque temps afin de se consacrer à la création littéraire et à la remise en cause du passé culturel traditionnel. Ils utilisèrent pour tribunes deux journaux, *Phong hoa (Les Mœurs)*, créé en 1932, et *Ngay nay (Aujourd'hui)*, né en 1934, dont le tirage atteignit plus de 10 000 exemplaires, chiffre considérable pour l'époque. La figure de proue de ces écrivains progressistes fut sans conteste Nguyên Tuong Tam, connu aussi sous son pseudonyme de Nhât Linh. Il prit la tête d'un comité de rédaction composé de Nguyên Tuong Long et de Nguyên Tuong Lân[19], ses deux frères cadets, de Trân Khanh Giu, alias Khai Hung, du poète Tu Mo, de deux dessinateurs, Nguyên Gia Tri et Nguyên Cat Tuong, alias Lemur, ainsi que du poète Thê Lu, véritable

19. Alias Thach Lam, l'auteur, entre autres, de *Hanoi aux trente-six quartiers*.

artisan de la poésie moderne. Ensemble, ils élaborèrent un programme d'actions ambitieuses et formulèrent des devises simples et audacieuses afin de développer une littérature en *quôc ngu*, écrite par des Vietnamiens, pour les Vietnamiens, et nourrie de thèmes puisés dans la société vietnamienne :

- recherche d'un nouvel idéal ;
- refus de se soumettre aux idées préconçues ;
- refus de servir quiconque et de s'inféoder à un pouvoir quel qu'il soit ;
- guides d'action : conscience, justice et honnêteté ;
- humour comme moyen, rire comme arme.

Le journal *Phong hoa* orientait ses critiques vers les traditions culturelles dépassées et les mœurs quelque peu désuètes de la société. Il publiait également des revues de presse, des nouvelles du monde et du pays, des feuilletons, de la poésie, du théâtre, le tout illustré par des caricatures, une grande première pour la presse vietnamienne de l'époque. Le succès amena en 1934 les principaux rédacteurs à constituer le groupe Tu Luc Van Doan (Groupe littéraire autonome), appelé à devenir le moteur de la création littéraire de Hanoi et de tout le pays du nord au sud.

Décidés à rompre avec les formes classiques alourdies par les allusions philosophico-littéraires chinoises, les écrivains façonnèrent un nouveau style, réaliste et percutant. À défaut de pouvoir déclencher une révolution politique, ils préconisèrent des réformes de fond concernant les modes de pensée, les superstitions, les mœurs. Ils battirent en brèche les entraves d'une société qui étouffait les aspirations individuelles sous les traditions séculaires. Les personnages de leurs romans furent les porte-parole de leurs réflexions. Dans *Doan tuyêt (Rupture)*, Nhât Linh libéra la femme du poids et de l'oppression de la famille, Nguyên Công Hoan ridiculisa le mandarinat et les notables villageois dans *Buoc duong cung (La Dernière Tentative)*, œuvre frappée d'interdiction à la diffusion. Ngô Tât Tô fustigea les traditions rétrogrades dans ses nombreux écrits journalistiques et les concours littéraires sclérosés dans son roman *Lêu chong (La Tente et le Bat-Flanc)*. Vu Trong Phung décrivit une jeunesse confrontée aux dilemmes de la vie à travers son roman *Vo dê (Les digues se rompent)*, tout en introduisant un parfum d'érotisme dans *Giông tô (La Tempête)*, sans parler des reportages sur les bas-fonds de Hanoi rapportés par de jeunes journalistes. Certains écrits de ces romanciers sont devenus de grands classiques ; d'autres ont été portés à l'écran.

Cette génération ne se contenta pas de dénoncer ou de critiquer le fonds culturel traditionnel ; ses représentants préconisèrent des solutions de rechange. Pour certains, la libération du joug colonial devait être la clé du bonheur ; pour d'autres, l'occidentalisation, dans les limites de l'acceptable et en guise d'appel d'air, pouvait être le fil conducteur vers une société moderne, de l'esprit aux apparences. Dans cette optique, la révolution politique devait se préparer à partir d'une base culturelle. Dans ce contexte de bouillonnement culturel, la poésie moderne trouva un terreau favorable à son expression. Marqués par le romantisme à travers des poètes français tels que Baudelaire, Rimbaud ou Verlaine, de jeunes auteurs découvrirent la solitude de l'individu en rupture avec la communauté, synonyme de contraintes et d'anonymat. Ils occupèrent ainsi la place laissée par leurs aînés, rompus aux règles strictes de la poésie classique, qui remonte à la littérature chinoise des Tang. Devenus désuets en une époque de profondes mutations, les fameux concours littéraires furent supprimés en 1915, par la volonté des colonisateurs, sous couvert d'une décision royale. L'aura de la vieille génération n'exhala bientôt plus qu'un parfum nostalgique. Certains lettrés durent pour survivre devenir écrivains publics sur les trottoirs de la ville. Ce renversement de situation et ce climat de désarroi créés par une période de transition nous sont rapportés par un poème de Vu Dinh Liên[20].

Le lettré

Chaque année quand les pêchers fleurissent[21]
On revoit le vieux lettré
Étaler l'encre et le papier rouge
Sur le trottoir des rues passantes

---

20. Poète hanoïen (1913-1996) qui a connu ses débuts littéraires dans les années 30. Le poème cité fut écrit en 1935.
21. Allusion au Têt, nouvel an vietnamien, période où les pêchers fleurissent.

Ceux qui viennent lui demander d'écrire[22]
Le complimentent pour son talent
Son doigté dessine des traits
On dirait des phénix qui dansent,
Ou des dragons qui s'envolent
Mais d'année en année
Que sont les clients d'antan devenus ?
Attristé, le papier rouge cache son éclat
L'encre se cantonne dans l'encrier morose
Le lettré est toujours assis là
Sans que personne ne le voie
Les feuilles jaunies tombent sur son papier
Dehors la pluie et la poussière passent
Cette année les pêchers refleurissent
Mais le vieux lettré n'est plus là
Qu'est devenue l'âme
Des gens du passé millénaire ?

Hanoi au féminin

À la même époque, les femmes, encouragées par le succès de leurs consœurs chinoises et occidentales qui avaient brisé les tabous et revendiqué une juste place dans la famille et leur rôle dans la société, remirent en cause, à travers les tribunes libres de leurs périodiques, les coutumes arriérées et oppressives : l'exploitation commerciale de la virginité féminine, le mariage précoce où les enfants étaient pour les parents de simples objets d'échange, le veuvage à perpétuité, l'injustice et la discrimination vécues au quotidien. Bref, elles revendiquèrent l'égalité des droits en dénonçant les pratiques ancestrales les concernant. L'amour libre fit ainsi son apparition et l'on put voir de jeunes couples aux allures européennes aller au cinéma voir des films occidentaux, se tenir par la main en se promenant autour du Petit Lac et franchir le seuil d'un hôtel afin d'y passer leur première nuit d'amour.

Mais la libération des mœurs eut son prix : on ne compta plus

22. Les écrivains publics composaient, à l'approche du Têt, des sentences à la demande des clients.

à cette époque le nombre de Hanoïennes qui, en raison d'un amour contrarié ou d'une déception sentimentale, se jetèrent à l'eau en emportant avec elles leur jardin secret ; le phénomène prit une ampleur telle que les Hanoïens surnommèrent non sans cynisme les lacs de Hanoi les « Tombeaux de la beauté » *(Mô hông nhan)*. Certaines autres échouèrent dans les maisons closes ou dans les dancings.

Des contraintes pesaient aussi sur la tenue vestimentaire. Les Vietnamiennes portaient ainsi un cache-seins *(yêm)* qui aplatissait leur poitrine afin de la dérober aux regards concupiscents des hommes. Les femmes modernes rejetèrent ce qu'elles considéraient comme un carcan à la fois physique et moral. Leur réaction suscita une réforme des vêtements. C'est le dessinateur Nguyên Cat Tuong, alias Lemur, qui inventa la tunique *(ao dai)* appelée par la suite à devenir la tenue nationale des Vietnamiennes. Il s'inspirait en fait de la tunique traditionnelle composée de quatre pans, dont les deux frontaux étaient noués à la taille ; la nouvelle n'en eut que deux, ouverte des deux côtés, de la taille jusqu'en bas, et fermée à droite au niveau de l'épaule par des boutons-pression. Le succès en fut considérable, et il dure encore.

Cette émancipation du sexe dit faible, cette révolte contre l'ordre moral traditionnel, furent possibles grâce à l'accession des femmes à l'instruction, et surtout à un changement de mentalité. L'enseignement franco-vietnamien mis en place par la colonisation, avec toutes les réserves observables et observées, a quand même permis, dès les années 20, à des femmes vietnamiennes de décrocher des titres universitaires, et non des moindres. En 1924, onze d'entre elles, les unes sorties de l'école de médecine, les autres de droit ou de la faculté des lettres, furent récompensées par un voyage d'études en France. En 1935, la Hanoïenne Hoang Thi Nga fut - ironie du sort - « le » premier Vietnamien à obtenir à Paris le titre de docteur ès sciences, après avoir terminé au pays son cursus secondaire. Au temps des empereurs, seuls les hommes suivaient l'enseignement des caractères chinois, dans le but de passer les concours littéraires, voie royale vers la respectabilité et le prestige. Quant aux femmes, à l'exception des chanteuses et de cas individuels, on les préparait de préférence à tenir le rôle de maîtresse de maison ou à devenir négociante dans le petit commerce. C'est pourquoi on cherche en vain le nom d'une femme lauréate inscrite sur les quatre-vingt-deux stèles édifiées depuis 1442 dans le temple de la Littérature, à la mémoire et à la gloire des majors de chaque session du concours mandarinal[23]. Les Vietnamiennes étaient exclues de cette machine à produire des lettrés imbus de la doctrine confucéenne, édifice élevé par les hommes contre les femmes, quoi qu'on en dise. À ce propos, dans la première moitié de notre siècle, on disait encore que « les femmes n'ont pas besoin de faire beaucoup d'études ». Si, d'aventure, une rebelle essayait d'apprendre à lire en cachette à la lumière de l'âtre, on lui déchirait tout simplement ses cahiers. Sans doute était-ce moins le fait de voir leur fille lire qui tracassait les parents que la crainte de la surprendre en train d'échanger des lettres d'amour avec un jeune homme. Il ne fallait surtout pas que leur progéniture échappât à leur contrôle dans le domaine sentimental. Mais dans les milieux populaires, les principes confucéens ne pouvaient s'observer à la lettre. Ils se heurtaient à des croyances et à des traditions propres. Selon Georges Boudarel, dans un article qu'il consacre aux cultes populaires, le nombre des génies féminins légendaires rivalisait en proportion d'un contre deux avec celui de leurs homologues masculins. La déesse Liêu Hanh fait partie, avec trois autres génies masculins, du panthéon des « quatre immortels » *(tu bât tu)* ayant survécu à la campagne de luttes contre les superstitions dans la période 1945-1985. Au bord du Grand Lac, le Phu Tây Hô, dédié à cette divinité, était un lieu de pèlerinage annuel pour une foule venue des quatre coins du pays. Ces dernières années, on y retrouve dans les semaines qui suivent le Têt l'atmosphère animée du temps passé.

Après la rude épreuve de la deuxième guerre d'Indochine, l'image de la femme vietnamienne combattante et combative est aujourd'hui reconnue de tous. En réalité, la Vietnamienne ne faisait que reprendre le flambeau de ses aînées. Il se trouve que les premiers personnages historiques, non légendaires, du Viêt-nam

---

23. Chaque stèle est consacrée au major d'une promotion.

sont des femmes, telles les deux sœurs Trung. Partout dans le nord du pays, on trouve des temples dédiés à ces deux héroïnes nationales, dont celui de Hanoi évoqué plus haut. Ces dernières années, la romancière Duong Thu Huong - on reviendra sur cette Hanoïenne - est devenue la bête noire du régime, dirigé par les hommes. Pourtant, elle n'a fait que dire tout haut ce que ses compatriotes pensent tout bas.

Amours secrètes

Il ne faut pas oublier que Hanoi est une ville d'amour. À l'heure actuelle, les parcs et les bords des lacs sont pris d'assaut jour et nuit par de jeunes couples qui ne se gênent plus pour manifester en public leurs sentiments. Cette libération de l'expression amoureuse atteint une envergure telle que, par pudeur, les balayeuses s'abstiennent de travailler à proximité des lieux voués aux scènes intimes. La promiscuité, les problèmes de logement, les indiscrétions du voisinage et une certaine tradition rejettent en effet l'amour hors des habitations. Sur le plan des mœurs, le règne stalino-maoïste a voulu renouer les fils d'une tradition confucéenne très pudibonde ; les règles de conduite étaient dictées par les dirigeants, sous la menace des pires punitions en cas de transgression. Mais il apparut au peuple que ceux qui prônaient haut et fort ces vertus ne se sentaient pas tenus de les observer. Ainsi, l'ancien secrétaire général du Parti Lê Duân passait pour un grand amateur de plaisirs voluptueux, sans avoir eu besoin pour autant de se constituer un harem. Les infirmières assignées à lui faire des massages quotidiens savaient à quoi s'en tenir. Et, pendant que le dignitaire, qui n'était pas disciple de Mao pour rien, prenait du bon temps, quiconque avait failli, en engrossant sa bien-aimée, devait à tout prix trouver un moyen d'étouffer le scandale, sous peine d'être accusé de lubricité criminelle. Dans cette logique moraliste, il n'y avait place, pour les femmes, qu'entre deux attitudes : les « vertueuses » s'y conformaient au prix de frustrations que l'on devine et les autres, moins rigoureuses, étaient assimilées à des femmes publiques.

Certes, si les prostituées sont des boucs émissaires de la société répressive, elles ont toujours rempli une fonction sociale importante. La prostitution étant le produit de la société où elle se développe, celle du Viêt-nam a un rôle et des caractères quelque peu différents de celle qui s'exerce en Occident. Les lettrés d'antan prenaient des chanteuses pour compagnes de cœur, et certains jeunes d'aujourd'hui vivent leurs amours avec des hôtesses travaillant dans les bars *bia ôm*, autrement dit les « cafés d'amour ». Conséquence directe des interdits, on vit cela en cachette, hors de la sphère familiale. Les plus précautionneux sortent avec leur petite amie dans les cafés aménagés en espaces discrets de rendez-vous amoureux. Et les comportements ont, d'une façon générale, radicalement changé. On ne s'étonne plus de voir des couples se tenir par la main ou par la taille en public, chose inimaginable il y a encore une dizaine d'années.

Enfin, innombrables sont les mélodies qui évoquent cette ville d'amour, tel ce couplet sur les adieux d'un jeune couple hanoïen que le destin sépare :

Il a quitté un matin la chère cité
Quand revenait le vent d'automne
Le cœur du voyageur était épris de mélancolie
Il regarda sa bien-aimée
Disparaître dans la brume fumante
S'éloigner les pas hésitants
Les larmes aux yeux, les larmes d'amertume.
Adieu [...]
Plus tard que je sois perdu aux quatre coins du monde
Je me retournerai vers l'horizon
Pour retrouver les rêves du printemps
Et oublier les jours, les mois qui se fanent
En sanglots je pense à elle
Oh ! Hanoi.

*

Comme la plupart des confrères de sa génération, Vu Bang fit, durant les années 30, ses débuts littéraires dans les milieux journalistiques de Hanoi et de Saigon, avant de partir en 1954, dans le flot de la migration, pour Saigon, où il s'établit définitivement. Le récit suivant, en hommage à Hanoi et au Nord, a été commencé dès 1960. L'auteur l'a achevé onze ans plus tard ; on était en pleine guerre du Viêt-nam.

Les douze nostalgies[24]

Au début, personne n'y croyait. Qu'on soit ici ou ailleurs, c'est le même pays, quelle différence ? Ne trouve-t-on pas partout, du Nord au Centre, des yeux qui regardent des yeux avec, dirait-on, un océan de sentiments et d'affection et, du Centre au Sud, des rires non formulés mais qui laissent percevoir beaucoup de charmes ardents ?

Mais non, quand on est loin du pays, on ressemble à du bois vermoulu et pourri depuis un temps immémorial. [...] Le vent dans la nuit donnait froid, les eaux arrivaient aux rivages par rafales ; on est toujours malheureux sur les embarcadères. On s'aimait et on avait envie de s'encourager mutuellement, mais on n'osait ou on ne savait comment le dire. La femme ne savait que baisser la tête dans un long soupir, tandis que l'homme restait silencieux et regardait de ses yeux, on aurait dit les yeux d'un génie, la nuit noire bercée par les chants des grillons et les pleurs des vers de terre. La tristesse, la lassitude durèrent ainsi. Jusqu'au jour [...] où les premières pluies de la saison inondèrent les rues, alors qu'on était dans une petite échoppe perdue au bord de la rivière Tân Thuân[25]. Assis à côté, les clients originaires du Nord se retrouvèrent hébétés et perdus. On aurait dit que cette atmosphère leur était insupportable, au point qu'ils durent trouver un prétexte pour parler.

L'un d'eux dit :

- Au nord, c'est peut-être aussi le début de la saison des pluies maintenant.

Un autre :

- Mais, Madame, la pluie dans le Nord est différente.

Et le troisième :

24. Texte extrait de Vu Bang, *Thuong nho muoi hai (Les Douze Nostalgies)*, réédité à Saigon en 1989, 266 p. Traduction de Nguyên Van Ky.
25. Petite rivière des environs de Saigon.

- Tout est différent. Arrêtez d'en parler. Ça me donne envie de pleurer.

L'ami des terres d'aventure regarda son compagnon debout à côté de lui ; ils gardèrent tous les deux le silence, car ils n'arrivaient pas à énoncer une parole, et pourtant ils ressentirent une sorte d'électricité qui leur parcourait tout le corps.

Il suffit de peu, juste une banalité échangée sous la pluie d'un après-midi désolé, pour réveiller les impressions mélancoliques d'un cœur vermoulu. [...]

Plus c'est nostalgique, plus on aime Hanoi et plus on se passionne pour le Nord. Cette nostalgie est incommensurable, inexplicable ! Quand Hanoi et le Nord vous manquent, c'est comme si votre bien-aimée vous manquait : n'importe qui peut vous faire penser à elle, qui est, bien sûr, la plus belle de toutes. [...]

J'aime tant Hanoi, je pense tellement au Nord que je passe à côté des choses magnifiques qui se présentent à mes yeux. C'est sans doute, là, une grande injustice. Mais dans l'amour n'y a-t-il pas toujours de l'injustice ? Et je finis par aimer cette injustice, et les douze mois et leurs changements climatiques, les vibrations harmonieuses du temps qui passe, des oiseaux, de la beauté, du feuillage, des sentiments, de l'amour ; je remercie cette injustice qui m'a permis de me rendre compte de mon amour si ardent pour Hanoi. Oh Hanoi, tu m'entends ! *Vu Bang*

L'intellectuel Nguyên Tuong Tam

Nguyên Van Ky

Nguyên Tuong Tam est né le 25 juillet 1906 dans le district de Câm Giang, entre Hanoi et Hai Duong, d'une lignée de hauts fonctionnaires et de lettrés. Il est le troisième d'une famille de sept enfants originaire de Hôi An et venue se fixer au nord. L'un de ses aïeux avait été ministre des Armées de Gia Long. Son père était un modeste secrétaire d'une administration coloniale de province ; après sa mort survenue prématurément, la mère dut élever seule ses enfants.

Tam commence ses études par l'apprentissage de l'idéographie chinoise. Élève doué, il suit l'enseignement franco-indigène au lycée du Protectorat[1]. La médiocre situation matérielle de la famille l'oblige, en 1924, à accepter un poste d'employé à la direction des finances. C'est à cette époque qu'il rencontre Hô Trong Hiêu, le poète satirique qui se fera connaître sous le pseudonyme de Tu Mo. Leurs relations amicales se tissent autour de discussions sur la littérature et sur l'importance du *quôc ngu*[2]. Il écrit alors son premier roman, *Nho phong (Mœurs confucéennes)*, publié en 1925, puis un deuxième, *Nguoi quay to (La Fileuse)*, quelque temps plus tard.

En 1925, ayant l'âge requis pour entrer à l'Université indochinoise, il choisit d'abord la médecine, avant de l'abandonner pour l'école des beaux-arts, créée cette année-là par Victor Tardieu. Enfin, il interrompt ses études, gagne sa vie à Saigon puis au Laos comme dessinateur d'affiches de cinéma. Mais son rêve est ailleurs. Après son mariage, il part en France en 1927, avec l'aide de sa famille et d'une

1. Plus connu des Vietnamiens sous l'appellation de Truong Buoi (école de Pamplemousse, du nom du village Buoi).

2. Le vietnamien, qui s'écrivait en *quôc ngu* à cette époque, était enseigné à l'école comme une langue vivante au même titre que le chinois, car l'ensemble de l'enseignement se faisait en français.

association active dans la promotion des études à l'étranger. Il s'inscrit à la faculté des sciences de Toulouse et en sort licencié deux ans plus tard. Selon son frère cadet Nguyên Tuong Bach[3], il a surtout été frappé en France par l'organisation sociale, le développement des idées démocratiques et le journalisme, impressionné notamment par *Le Canard enchaîné*.

De retour au Viêt-nam en 1930, il enseigne à l'école privée Thang Long, une institution qui attire une frange d'intellectuels politiquement engagés dans des directions diverses. Les plus connus sont Dang Thai Mai, homme de lettres attiré par les thèses marxistes, Hoang Minh Giam, dirigeant influent du Viêt-minh en 1945, Tôn Thât Binh, le communiste Vo Nguyên Giap, le futur vainqueur de Diên Biên Phu.

Nourri d'idées progressistes, Nguyên Tuong Tam prépare avec ses frères et ses amis un projet de journal en vietnamien intitulé *Tiêng cuoi (Le Rire)*. Mais, l'autorisation tardant à venir, il obtient la direction d'un titre menacé de faillite, *Phong hoa (Les Mœurs)*. Complètement remodelé, *Phong hoa* paraît en juillet 1932 et se flatte d'être le premier journal satirique illustré de caricatures. On est au lendemain des soulèvements de 1930 menés par le parti nationaliste Viêt Nam Quôc Dân Dang et de la formation des soviets du Nghê Tinh orchestrée par le Parti communiste naissant, mouvements insurrectionnels durement réprimés. Malgré les menaces, les coupures ou les suspensions infligées par la censure, *Phong hoa* réserve ses critiques aux Vietnamiens collaborateurs du pouvoir colonial, faute de pouvoir déstabiliser ce dernier. Reflet de la situation sociale et culturelle de l'époque, le journal fait date dans l'histoire en proposant les bases d'une société moderne. Après avoir atteint en mai 1935 un tirage de 10 500 exemplaires, il cesse définitivement de paraître au bout de quatre ans d'existence.

Dans le même temps, la production littéraire de Nguyên Tuong Tam connaît une période florissante et significative. Il écrit souvent en collaboration avec son ami Khai Hung. Dès 1934, il a également publié avec ses amis un autre journal, *Ngay nay (Aujourd'hui)*, de même contenu, en prévision d'une fermeture de *Phong hoa*. Ensemble, ils fondent le Tu Lục Van Doan, Groupe littéraire autonome,

3. Actuellement sans doute en Chine. Un groupe d'historiens vietnamiens basés au Canada a publié ses Mémoires : Nguyên Tuong Bach, *Viêt Nam nhung ngay lich su (Viêt-nam, les jours historiques)*, Montréal, 1981.

dont l'objectif est de promouvoir une littérature nationale en langue vietnamienne, axée sur la société vietnamienne. Seul à posséder une maison d'édition indépendante, les éditions Doi nay (Notre époque), ce groupe permet la publication d'un grand nombre de romans et nouvelles.

Un intellectuel d'une telle envergure ne peut se tenir à l'écart de la politique. Mais Nguyên Tuong Tam attend son heure. Quand le deuxième conflit mondial éclate, il est à l'origine de la fondation du parti Dai Viêt, d'inspiration nationaliste, qui rejette toute forme de collaboration avec les forces étrangères présentes. En 1941, il rejoint les rescapés du Viêt Nam Quôc Dân Dang, repliés en Chine. Refusant toute effusion de sang, il cherche un appui du côté des Américains, les seuls capables, selon lui, de faire face aux communistes, qui sont décidés à s'engager dans la lutte armée. Quand le Viêt-minh prend le pouvoir en septembre 1945, après la capitulation du Japon, il revient au pays pour renforcer les rangs nationalistes.

Sur le plan politique, la situation baigne dans la confusion la plus totale. Les factions nationalistes vietnamiennes rivales négocient avec le Viêt-minh pour être représentées au nouveau gouvernement. Pendant ce temps, l'armée nationaliste chinoise du général Lu Han, chargée par les Alliés de désarmer les forces japonaises, occupe le Tonkin sour le regard bienveillant des Américains. Dans une atmosphère de manœuvres et d'intrigues, chaque parti tente de prendre le maximum de gages, mais les différentes composantes du mouvement national sont d'accord sur l'essentiel, du moins en apparence : prendre de vitesse les Français en rétablissant un État indépendant.

Après la révolution d'août 1945, la déclaration d'indépendance du 2 septembre et les élections de janvier 1946, Nguyên Tuong Tam est nommé ministre des Affaires étrangères du gouvernement de coalition qui se forme. Il a comme adjoint Pham Van Dông, futur Premier ministre de la république démocratique du Viêt-nam. Tam conduit la délégation vietnamienne à la conférence de Dalat en avril-mai de la même année, mais son désaccord avec les communistes le décide à retourner pour la seconde fois en Chine. Il y retrouve ses deux frères cadets Nguyên Tuong Long et Nguyên Tuong Bach.

Après cinq années d'exil, il rentre clandestinement au pays en 1951 et se réfugie à Dalat. En 1956, il regagne Saigon et y crée à nouveau des revues et des maisons d'édition, sans cesser d'écrire des romans. Il lance en 1960 le mouvement politique *Mat trân quôc dân doan kêt*, Front national de la solidarité, pour s'opposer à la dictature de Ngô Dinh Diêm. Accusé d'activités subversives, il doit se présenter au tribunal le 8 juillet 1963. La veille, après avoir réuni sa famille et revu ses amis, il met fin à sa vie. Dans un bref communiqué de presse, il écrit : « Offrir ma vie à l'Histoire, qui tranchera. Je ne laisse à personne le soin de le faire. Les arrestations et les jugements des opposants sont de graves crimes qui braderont le pays aux communistes. »

Le modèle français

Nguyên Van Ky

La ville est aux gouvernants ce que l'argile est aux potiers. Avec l'implantation du régime colonial à la fin du XIXe siècle, elle subit une mutation sans précédent qu'illustre une fracture urbanistique, expression du contraste de deux mondes qui s'ignoraient. Mais l'architecture n'était que l'arbre cachant la forêt de la méconnaissance mutuelle, une méconnaissance qui conduisit les autorités coloniales à anéantir des vestiges du passé au profit du modèle français, devenu référence. Les citadins vietnamiens de cette époque en étaient venus à considérer que « manger chinois, épouser une Japonaise et habiter une maison française » étaient les trois conditions du bien-vivre.

Une ordonnance royale datée du 1er octobre 1888 avait accordé une petite concession au conquérant français. Située du côté de l'actuel théâtre, elle s'agrandit au fur et à mesure que le régime colonial consolidait son emprise, pour devenir une véritable municipalité.

Alimentée par son propre budget, Hanoi bénéficia d'un statut particulier de ville à la française, jouissant d'une autonomie, au moins de principe, à l'égard du protectorat du Tonkin. La différence avec la métropole était néanmoins de taille : le résident-maire était un fonctionnaire désigné, et non un élu, une « anomalie » dénoncée par les colons eux-mêmes.

De la concession à la municipalité coloniale

Cependant, l'arrêté du 31 décembre 1891, relatif à l'organisation des municipalités de Hanoi et de Haiphong, donna aux résidents français et à une certaine catégorie de Vietnamiens le droit d'élire des conseillers. En janvier 1892, Hanoi fut ainsi pourvue d'un conseil municipal, composé de seize membres français et de deux membres vietnamiens (chiffre qui fut porté à six en 1928). 320 colons sur 475 inscrits avaient voté. Cette assemblée décida, contre l'avis du résident-maire Beauchamps, de reculer les limites de la ville. Elle estima que tous les terrains situés dans le périmètre urbain et non revendiqués par les propriétaires particuliers devaient appartenir à la municipalité. Pour doter la ville d'une infrastructure indispensable au développement économique, on fit remblayer les innombrables petits lacs, entraves à l'urbanisme moderne et « perpétuel foyer d'infection à chaque changement de température ». On fit également abattre des arbres afin d'ouvrir de nouvelles artères et de bâtir des habitations.

L'évolution de la ville pendant la colonisation connut deux grandes phases. La première s'étendit de la conquête à la Première Guerre mondiale, avec en point d'orgue le gouvernement général de Paul Doumer ; la seconde de 1919 au déclenchement de la Seconde Guerre mondiale. Avant l'arrivée de Paul Doumer, qui remplit ses fonctions de 1897 à 1902 à l'exception de quelques mois d'intérim, les constructions n'étaient soumises à aucun plan particulier ; les travaux d'assainissement et de remblayage furent accompagnés de la destruction de vestiges historiques, et non des moindres.

La pagode Bao Thiên, qui remontait à la dynastie des Ly (1009-1225), fut ainsi rasée pour permettre la construction de la cathédrale. Ce « chef-d'œuvre de grandeur et de laideur », selon l'écrivain colonial Alfred de Pouvourville, fut édifié sous l'impulsion de Mgr Puginier, évêque de Hanoi, avec la complicité de ses ouailles vietnamiennes, et consacré le 24 décembre 1886. D'autres édifices religieux vénérables par leur destination et leur antiquité subirent le même sort que Bao Thiên. L'un d'eux, datant du XVIIIe siècle, fut détruit en 1883 pour faire place à l'hôtel de ville, actuellement siège du Comité populaire de la ville. Puis ce fut le tour des pagodes Bao Ân et Ba Danh. La première disparut en 1892 et fut remplacée par la poste centrale, tandis que l'imprimerie des frères Schneider s'éleva sur l'emplacement de la seconde, avant de le céder au collège du Protectorat.

La caserne de la gendarmerie française fut implantée sur le site de l'ancien camp des Lettrés, où se déroulaient les grands concours administratifs du régime monarchique. Le cas de la citadelle à la Vauban a été paradoxal. On se souvient qu'elle avait été construite en 1805 sur les plans d'un Français entré au service du prince Nguyên Anh, futur empereur Gia Long. Convertie en simple caserne par les forces françaises après la capitulation de Hanoi, elle devint curieusement la hantise des nouveaux maîtres des lieux. Dans son éditorial du 21 janvier 1892, Alfred Le Vasseur, rédacteur en chef de *L'Indépendance tonkinoise*, en réclama avec fougue la démolition pure et simple. Le conseil municipal, en fait, prit la décision un an plus tard, le 23 juillet 1893. Les travaux durèrent quatre ans (1894-1897) ; seul le mirador *(côt co)* fut épargné.

L'urbanisation coloniale entraîna enfin la démolition d'un grand nombre de paillotes, habitations de la population vietnamienne, accueillie « avec plaisir » par la presse coloniale. Au cours des années 1891-1892, les quartiers populaires furent ravagés par des incendies incessants, dont *L'Indépendance tonkinoise* rendit compte toutes les semaines avec régularité. Le plus spectaculaire de tous fut sans doute celui survenu dans la nuit du 22 janvier 1891 : plus de deux cents maisons et quatre pagodes, situées dans le périmètre délimité par la rue de la Chaux, la rue des Radeaux, la rue des Bambous et la digue, furent la proie des flammes. Ces incendies, dont on ignorait l'origine, eurent tous lieu la nuit, sans exception ; les Français les attribuèrent à l'imprudence des habitants, et la presse coloniale dénonça la mauvaise volonté des « indigènes qui s'enfermaient dans leur domicile ou s'enfuyaient à l'appel des Européens ». Les rares pompiers, mal équipés, arrivaient la plupart du temps trop tard sur les lieux du sinistre. Quoi qu'il en soit, la ville française fut construite en partie sur les cendres des fragiles paillotes vietnamiennes.

« Hanoi est une vieille ville, put-on lire dans *L'Éveil économique de l'Indochine*, en 1927. Les antiquités les plus vénérables ne remontent pas loin ; il est cependant regrettable qu'on les ait si peu respectées, qu'on ait fait disparaître, par exemple, la pagode des Supplices. »

On ne détruit pas de vieux symboles sans les remplacer par de nouveaux. La statue de *La Liberté éclairant le monde*, réplique plus modeste de celle de New York, avait été envoyée à Hanoi lors de l'exposition de 1887. Elle fut installée au sommet du pagodon[1] du Petit Lac, idée saugrenue dénoncée par les colons eux-mêmes. « *La Liberté* sur la pagode, c'est la victoire de la lumière sur l'obscurantisme. Et pourquoi ne placerait-on pas le grand Bouddha sur l'une des tours de la cathédrale ? », écrit *L'Avenir du Tonkin*, journal anticlérical, accusé par son rival *L'Indépendance tonkinoise* d'être « vendu aux Chinois de Hongkong ». *La Liberté éclairant le monde* devait finalement être transférée dans un autre parc, avant de disparaître du paysage. Quant à la statue de Paul Bert, inaugurée le 14 juillet 1890, on l'avait placée dans le square du même nom, à deux pas de la mairie, face au Petit Lac et à *La Liberté*. Les Vietnamiens railleurs disaient que Paul Bert était amoureux de la « dame du Lac », c'est pourquoi il montait la garde jour et nuit de peur qu'elle s'échappât. Les Vietnamiens devaient comprendre qu'alors seuls les colonisateurs étaient capables d'interpréter ce symbole de la liberté et de lui donner un sens. Ils allaient apprendre, s'ils ne le savaient déjà, que la liberté n'est jamais donnée à tout le monde ; pour l'obtenir, il faut payer le prix.

Un urbanisme colonial

Au début de la conquête, la première artère française de Hanoi fut la rue Jean-Dupuis. À la fin du siècle dernier, le centre de gravité se déplaça vers la rue Paul-Bert, l'actuelle rue Trang Tiên, la plus commerçante, la plus animée et la plus ancienne du quartier français. On y trouvait dès cette époque deux cafés, le Café de la Paix et le Café Alexandre, trois boucheries et un hôtel, sans compter d'autres magasins spécialisés, les uns dans les liqueurs, les autres dans l'ameublement. Sans être une forteresse, le square Paul-Bert, entouré de quatre bâtiments construits en 1887-1888 (l'hôtel du résident supérieur, l'hôtel des Postes et Télégraphes, le Trésor et

1. Il s'agit en fait du tombeau d'un riche commerçant de Hanoi, construit au milieu du XIXe siècle.

la mairie), fut en quelque sorte le cœur de l'état-major colonial. Dans la même période, on créa le Jardin d'essai au bord du Grand Lac, devenu plus tard le Jardin botanique, dont la superficie passa de un à dix-huit hectares après expropriations. L'hippodrome s'ouvrit en bordure de l'avenue Gambetta, nouvellement tracée (actuellement rue Trân Hung Dao), avant d'être transféré à côté du Jardin botanique.

La physionomie de la ville, capitale de l'Union indochinoise créée en 1887, fut métamorphosée avec l'arrivée de Paul Doumer, qui fit réaliser plusieurs projets ambitieux par l'architecte Auguste-Henri Vildieu, chef du nouveau service des bâtiments civils : le palais du gouverneur général, les nouveaux bâtiments de la résidence supérieure, de la poste, de la mairie, le palais de justice, le tout dans le style néoclassique massif qui symbolisait à la fois le pouvoir et la pérennité[2], et enfin le pont qui porte son nom.

La réalisation de ce pont, « l'ouvrage le plus remarquable qui ait été exécuté en Extrême-Orient », selon ses propres termes, avait une dimension politique : il devait montrer « la puissance de la civilisation française dans les œuvres de la paix ». Les travaux, conduits par la maison Daydé et Pillé, dont le siège se trouvait à Creil, durèrent un peu plus de trois ans, de 1898 à 1901, et coûtèrent six millions au budget de l'Indochine. C'était une sorte de réplique coloniale de la tour Eiffel, construite une quinzaine d'années plus tôt, en pleine renaissance de l'âge du fer, marqué par le développement d'un nouveau moyen de transport, le train. Réservé aux trains, aux deux-roues et aux piétons, il devait lui être ajouté en aval un second pont pour les voitures. C'est encore sous Paul Doumer que les grands travaux ferroviaires furent engagés, alors que quelques tronçons seulement étaient en service. Avec la construction du chemin de fer du Yunnan, Hanoi devint le passage obligé pour les voyageurs venant du Sud et se rendant en Chine.

L'électrification de la ville se réalisa dès 1892. Mais l'usine installée en 1914 au bord du Petit Lac ne fournissait qu'une puissance de 700 kilowatts, juste de quoi alimenter médiocrement

2. Voir l'article de Christian Pédelahore, « Hanoi, miroir de l'architecture indochinoise », in *Architecture française d'outre-mer*, ouvrage collectif, Liège, Pierre Mardaga, 1992.

l'éclairage public dans les grandes avenues, les bâtiments officiels et les habitations françaises. L'abonnement était en effet hors de portée des populations locales, à l'exception de quelques négociants chinois. Les quartiers populaires durent attendre jusqu'au lendemain de la crise de 1929, quand la Société d'électricité mit en marche sa nouvelle centrale thermique, construite cette fois au bord du lac Truc Bach. Cela ne suffit pourtant pas à satisfaire des besoins en forte augmentation, et la société se voyait, en hiver, dans l'obligation de s'excuser auprès de ses abonnés des coupures quotidiennes pour usage industriel. La situation sera régularisée dans les années 30.

En 1911 fut inauguré un haut lieu de mondanité hanoïenne, le théâtre. Tous les ans de novembre à décembre, pour la saison théâtrale, une troupe française métropolitaine y donnait des représentations.

Un architecte joua pour Hanoi le rôle d'un Haussmann des colonies : Ernest Hébrard. Il conçut les plans d'un développement auquel le gouverneur général Martial Merlin, poursuivant l'idée tracée par Paul Doumer, donna une vigoureuse impulsion. Les services généraux furent centralisés dans un quartier réservé à cet effet. L'imposant bâtiment des Finances fut terminé en 1927, après deux ans de travaux, un record, alors que ceux de l'Université indochinoise piétinèrent.

Au cours de la même période, l'École française d'Extrême-Orient, créée en décembre 1898, se vit doter d'un musée dont l'architecture fut un mariage réussi des styles occidental et local. Depuis l'indépendance, il a été transformé en musée d'histoire. Sous l'impulsion de l'Association pour la formation intellectuelle et morale des Annamites (AFIMA) dont Pham Quynh[3] était le secrétaire général, les jeunes architectes vietnamiens furent mis à contribution. Les projets primés furent publiés dans *L'Éveil économique de l'Indochine*, hebdomadaire créé par Henri Cucherousset en 1917 et dont le siège se trouvait dans la fameuse rue Paul-Bert.

3. Rédacteur en chef de la revue *Nam phong* (1917-1934), puis ministre au cabinet de Bao Dai, avant d'être assassiné par le Viêt-minh en 1945.

Cette deuxième étape dans le développement de la ville fut rendue possible grâce à son extension vers l'ouest et vers le sud. Les terrains furent pris d'assaut par l'administration et par la population française, qui refoulèrent les Vietnamiens à la périphérie. Ainsi se formèrent à cette époque, au sud de Hanoi, les faubourgs populaires situés entre la route Mandarine et celle de Huê, dont le plus réputé fut celui de Khâm Thiên, le quartier des chanteuses.

En 1925, le plan Hébrard comportait un volet qui suscita une protestation de la part des colons les mieux éclairés, du moins de ceux qui connaissaient la ville et son histoire. L'architecte prévoyait de bousculer le cimetière du Grand Bouddha en rasant des rangées de tombes situées au bord du lac Truc Bach. C'était là qu'entre autres acteurs de la « période héroïque » reposait le sergent Bobillot[4]. Un « sacrilège » selon *L'Éveil économique*, qui affirmait que le plan reposait sur des considérations irrationnelles, puisqu'il était conçu « pour plaire à une princesse qui avait peur des morts » et parce que les tombes gênaient la vue des promeneurs du dimanche. Approuvée par une décision municipale, et mise en route, sa réalisation fut, Dieu merci, arrêtée faute de fonds. Deux ans plus tard, l'administration revint à la charge, cette fois sans Hébrard, sous les protestations de *L'Éveil*. Le journal appelait à trouver « une solution qui n'offense pas l'opinion publique hanoïenne et ne rende pas les Français odieux aux Annamites ». En vain.

Les méandres du savoir

Hanoi n'était pas uniquement un centre administratif. L'infrastructure et les institutions telles que l'Institut antirabique, créé sur le modèle de l'Institut Pasteur, l'École française d'Extrême-Orient, l'École supérieure de pédagogie, l'université, l'école des beaux-arts, les bibliothèques, etc., contribuaient au développement du pôle intellectuel et culturel qu'était la ville.

4. Sapeur qui s'illustra au siège de Tuyên Quang, forteresse du Tonkin tombée aux mains des Chinois en février 1885.

L'école de la révolte. - L'enseignement franco-indigène mis sur pied sous Paul Beau depuis 1904, et réformé au retour d'Albert Sarraut en 1917, donna naissance dans les années 30 à une nouvelle génération d'intellectuels vietnamiens modernes. Les uns devinrent les porte-parole des mouvements d'émancipation culturelle, les autres s'engagèrent dans les revendications politiques. L'école Thang Long représente à cet égard une expérience riche d'enseignements. Créée en 1919 par Pham Huu Ninh, ancien secrétaire détaché à la direction des Finances, pour répondre aux besoins des établissements publics en nombre très limité, cette institution privée devint au bout de quinze ans, et non sans peine, le phare de la jeune génération. Dans sa période la plus remarquable, elle fut équipée de laboratoires de physique, de chimie et de sciences naturelles, et les élèves disposaient d'une bibliothèque. Entre 1928 et 1935, elle connut une augmentation vertigineuse de son effectif, qui passa de vingt-neuf à plus de mille élèves. Elle dut cette réussite à la réputation de son corps enseignant, une trentaine de professeurs et d'instituteurs dont certains allaient devenir, au cours de la décennie suivante, des leaders du mouvement national de lutte pour l'indépendance.

Le cycle secondaire était assuré par une équipe de solide formation moderne. Il n'y avait pas moins de sept diplômés de l'École supérieure de pédagogie, trois licenciés, un architecte, un Anglais assurant les cours de langue anglaise, le reste constitué de bacheliers responsables des cours du cycle primaire. Parmi ces derniers figurait Vu Dinh Liên, auteur du fameux poème *Le Lettré* dont il a été question au chapitre précédent. Notons qu'avant d'embaucher son personnel pour ces postes le directeur de l'école devait présenter le dossier de candidature du postulant à la résidence supérieure du Tonkin, qui chargeait ensuite la Sûreté d'une enquête préliminaire sur la « moralité » de l'intéressé. On apprend ainsi que le commissaire Fleutot a émis un avis « défavorable », pour « menées politiques », à la candidature de Vo Nguyên Giap, présentée en 1934. Pour justifier cette mention, Fleutot rappelait que Giap avait été condamné, en 1930, à deux ans de prison et deux ans de surveillance administrative par le tribunal de Thua Thiên, « puis libéré conditionnellement en 1931, avant d'être gracié par

S.M. Bao Dai ». Mais l'administration passa finalement outre à cette recommandation et autorisa Giap à enseigner.

Dang Thai Mai, pédagogue gagné aux thèses marxistes et futur beau-père de Giap, avait été également condamné à deux ans de prison et deux ans de surveillance administrative pour « affiliation au Parti communiste indochinois », avant d'être gracié par le ministre des Colonies. En 1931, il avait été licencié de son poste d'enseignant dans une école primaire franco-indigène par arrêté du gouverneur général. Sa candidature présentée à l'administration en 1932 bénéficia cependant d'un avis favorable. Hoang Minh Giam, « ancien professeur stagiaire de l'enseignement primaire supérieur franco-indigène en service au Cambodge, a été révoqué de son emploi pour raisons disciplinaires. Entré en journalisme, il a écrit des articles tendancieux ». Mais, sans antécédent judiciaire connu au service de l'identité du Tonkin, sa demande fut acceptée en 1934. On devait le retrouver en 1945 dans l'entourage de Hô Chi Minh, dont il devint ministre des Affaires étrangères l'année suivante.

En 1934, l'administration refusa la candidature de Nguyên Cao Luyên, fraîchement sorti de l'école des beaux-arts, car « le diplôme d'architecte fourni par ce professeur ne figure pas dans la liste des titres requis pour pouvoir être autorisé à enseigner ». Il ne put intégrer l'équipe pédagogique que l'année suivante. Parmi les enseignants de l'école, citons Nguyên Tuong Tam[5] qui, à son retour de France, fonda le journal *Phong hoa (Les Mœurs)*, tout en contribuant à la renommée de l'établissement durant la période 1932-1934. L'avocat Phan Anh, futur ministre de la Jeunesse et des Sports du gouvernement Trân Trong Kim[6] en 1945, puis ministre de la Défense nationale (sans appartenance politique) dans le gouvernement de coalition de Hô Chi Minh l'année suivante, était passé par l'école Thang Long.

En 1936-1937, les anciens élèves fondèrent une amicale qui devint une des composantes du Congrès indochinois de 1936,

5. Voir sa biographie au chapitre précédent.
6. Auteur entre autres de l'*Abrégé d'histoire du Viêt-nam* en deux volumes *(Viêt Nam su luoc)*, premier ouvrage en *quôc ngu* sur le sujet, édité dans les années 20.

tentative de Front populaire nationaliste, qui sera étouffée. On est enfin tenté d'établir une analogie entre cette école et la première « université non étatique » du pays, l'université Thang Long, créée à Hanoi en 1988, à l'initiative de Hoang Xuân Sinh, mathématicienne et professeur à l'université de Hanoi.

Cet essor de l'enseignement, pris en main par des Vietnamiens, fut soutenu par la création, en mars 1938, de l'Association pour la diffusion du *quôc ngu*, qui rassembla tous les grands noms de l'intelligentsia de cette époque. À sa tête, on trouvait Nguyên Van Tô, secrétaire de l'École française d'Extrême-Orient et futur ministre chargé de l'Assistance sociale dans le premier gouvernement de Hô Chi Minh. Parmi les conseillers figuraient Trân Trong Kim, Nguyên Van Huyên, docteur ès lettres et en droit, collaborateur de l'École française d'Extrême-Orient, Hoang Xuân Han[7], premier polytechnicien du Viêt-nam et professeur, à cette époque, au lycée du Protectorat, puis ministre de l'Éducation nationale du gouvernement de Trân Trong Kim en 1945. Vo Nguyên Giap et Dang Thai Mai étaient également membres fondateurs. L'association avait obtenu l'aval d'Yves Châtel, résident supérieur du Tonkin, qui accepta d'en être le président d'honneur ; mais, à l'approche de la guerre, Vo Nguyên Giap et Dang Thai Mai allaient s'engager dans la lutte armée.

Entre l'arbre et l'écorce. - Les Vietnamiens aiment à raconter l'anecdote d'un résident français fraîchement débarqué en Indochine qui, découvrant l'existence d'un félin inconnu, fit appel à son interprète. Celui-ci en ignorait le nom français. Confronté à ce problème de traduction qui mettait en jeu son prestige et sa crédibilité, il fit appel à son imagination pour décrire ainsi l'animal : « Titi noir titi jaune, lui manger moi, lui manger monsieur... » Voyant que le résident français avait du mal à le comprendre, il ajouta : « Cinq minutes, lui manger tout le monde. » Il s'agissait du tigre.

Les interprètes composaient un milieu encore mal connu, mais caractéristique de la colonie. Ils étaient subdivisés en cinq classes,

7. Hoang Xuân Han est décédé en mars 1996 à Paris, à l'âge de quatre-vingt-huit ans.

les plus « prestigieux » travaillaient à la résidence supérieure. Venaient ensuite ceux qui étaient employés dans les services centraux de la capitale et, en queue de peloton, les fonctionnaires de l'administration provinciale. Aux yeux des colons, tous n'étaient ni plus ni moins que des subalternes qui leur devaient le respect.

La mésaventure de Nguyên Dinh Câu révèle assez bien le rapport entre Français et Vietnamiens de l'ère coloniale : employé à la résidence supérieure, cet interprète fut arrêté puis condamné à trois mois de prison pour « insulte et rébellion » à un brigadier de police par le tribunal correctionnel de Hanoi. Vis-à-vis de leurs compatriotes, les interprètes avaient une position pour le moins ambiguë. Bon Mat (pseudonyme d'un journaliste français) en a brossé un portrait instructif dans *L'Indépendance tonkinoise* du 25 juillet 1891.

Nos interprètes

Une légion !

Ils sont ici, comme les jockeys en France, les rois incontestés du pavé tonkinois. Depuis l'interprète de Saigon, le plus pédant de tous, que sa connaissance de la langue annamite nous avait fait amener comme intermédiaire ici dès le début de la conquête, jusqu'à l'interprète tonkinois proprement dit - petit *nha quê* tout frais éclos de l'école, devant lequel l'exhibition d'une page correcte d'écriture vient d'ouvrir toutes grandes les portes du cénacle présidentiel de la capitale -, confidents plus ou moins administratifs des grands ou petits maîtres, drapés dans leur orgueil de parvenus, ils affectent vis-à-vis de l'Européen cette attitude insolente et haute de favori qui se juge indispensable et se sent bien en cour. [...]

Et pourquoi n'en tireraient-ils pas vanité, au fond, eux *nha quê* de la veille, de cette situation inattendue, qui les rapproche déjà si sensiblement de nous ? Pourquoi ne chercheraient-ils pas à l'éclabousser à leur tour, cet Européen, fonctionnaire comme eux, qui les a faits ce qu'ils sont ? Leur solde n'est-elle pas d'ailleurs égale, supérieure même à la sienne, étant donné surtout qu'eux du moins sont ici dans leurs foyers, qu'ils y vivent de rien, suivant le mode annamite ?

Combien d'employés, combien de fonctionnaires en France, même des mieux rétribués, atteignent-ils ce chiffre rubicond de cinquante à soixante dollars, que l'on jette ici sans compter au nez de ces copistes inhérents qui dessinent les mots comme on calque une épure ; une infinité de degrés et de classes limitent à chacun d'eux ses attributions respectives et marquent le point extrême où il leur est moralement permis de pousser, dans leur façon de se vêtir et de vivre, leur secret désir d'assimilation avec l'Européen.

L'interprète de Saigon, en sa qualité de Français de 1860, porte l'étendard de cette transformation graduelle. C'est lui qui prépare la chrysalide et en surveille l'éclosion, lui qui donne la mode enfin !

Ses pieds d'abord ; c'est par là qu'a commencé la métamorphose. C'est entre la cheville et l'orteil que s'est manifesté chez lui le premier phénomène qui ait suivi cette inoculation lente, dans l'esprit d'un peuple en retard, de notre civilisation protectrice et envahissante.

Contrairement à tous les usages indigènes, il n'existe plus aujourd'hui d'interprète saigonnais sans chaussettes. Et ce seul emprunt fait à notre garde-robe le distingue, mieux que toute leur connaissance technique de notre langue, de la foule des mandarins qui, tous, du plus grand au plus petit, sont restés fidèles aux traditions sacrées de leurs « va-nu-pieds » d'ancêtres.

L'addition de ces chaussettes blanches avait amené le port des souliers de toile ; l'étroit pantalon de France à pattes d'éléphant vient à son tour compléter la métamorphose ; si bien qu'il ne leur reste plus aujourd'hui, de leur accoutrement national, que l'ample *cai ao* de soie moirée qui, lui aussi, tend à disparaître, et la coiffure monumentale et féminine à laquelle tout fait prévoir qu'ils resteront fidèles encore.

Tout un poème, cette coiffure !

Sur leur chignon en échafaudage, toujours consciencieusement huilé, qu'un large peigne d'écaille fait ressembler à une pièce montée de dîner officiel au milieu de laquelle le couteau à manche étincelant du pâtissier serait planté, le légendaire turban vert s'élève, uniformément accommodé.

C'est qu'on le rencontre partout et toujours, le « turban vert » qui vous obsède ! Toujours correct et digne, le pantalon luisant et bien tiré, le rotin à pomme d'argent à hauteur des reins, la main chargée de bagues énormes dont il fait miroiter le chaton à chaque rencontre nouvelle, le fume-cigare, vrai kummer, aux lèvres et les lunettes vertes dans l'œil (autre poème, ces lunettes), l'interprète saigonnais marche à petits pas d'un mouvement automatique de rhéteur se rendant en chaire, au milieu de la fumée grise du condrès qu'il hume à petits coups, la tête légèrement inclinée sur le côté, la lèvre en cul-de-poule, dédaigneuse.

À pied ou à cheval, en pousse-pousse ou en voiture, seul ou avec sa moitié - une petite poupée rondelette et pour le moins aussi resplendissante que lui qu'il promène pour ses dorures, comme un reliquaire sacré -, il est toujours là, à deux pas de nous, nous effleurant presque, cherchant un rapprochement qui le flatte, une comparaison qui le grandisse, dont il triomphe.

L'interprète tonkinois, lui, qu'un craintif sentiment d'infériorité subordonne généralement à ses confrères de Cochinchine, cache sous ses dehors indifférents un ferment de jalousie profonde pour « ces étrangers implantés » chez lui qui le regardent comme un sauvage et lui rognent de son prestige.

Il n'en copie pas moins, mais à distance, les diverses transformations de ces rois du pavé dont la vie bruyante l'éclabousse.

Comme eux, il a déjà son pousse-pousse de maître, et son kummer, authentique aussi. Il est vrai qu'un confrère de sa classe partage le plus souvent avec lui les frais d'achat et l'entretien du « pousse » et que, par un restant de tact dont on ne peut que lui savoir gré, il substitue d'ordinaire au fume-cigare en bout-dehors de son majestueux rival le fume-cigarette, plus modeste, de nos « pchutteux » de boulevards.

Pas de chaussettes encore, par exemple !

Pas de souliers de toile blanche, à la française !

Plus modeste sur le pavé que l'interprète saigonnais qu'un trop prompt enthousiasme de notre part a amené à ne plus s'effacer devant nous, l'interprète tonkinois, qui rêve déjà d'une indépendance analogue, se console, le soir, dans les foyers, de cette infériorité qui partout ailleurs le tourmente.

Là, sur la natte de famille, dans ce milieu obscur et borné où son titre à consonances magiques d'« interprète » lui permet de trôner en maître, toute une nuée d'indigènes aux abois viennent déposer leurs suppliques.

C'est son heure de triomphe.

Sûr d'avance de ses effets, il se compose une tête de circonstance et aveugle de promesses illusoires ses trop confiants solliciteurs, dont la ceinture bourrée de pièces sonores et tentatrices se dénoue à ses pieds, au milieu des encouragements discrets de la *baïa*, sa mère, qui, la voix mielleuse et la main tendue, surenchérit encore sur ce protecteur improvisé.

De ce côté-là, du moins, l'entente est parfaite entre les divers sollicités. Interprètes saigonnais et interprètes tonkinois nagent dans les mêmes eaux troubles, côte à côte malgré la haine, les mains unies devant l'intérêt commun.

Ici comme partout ailleurs, le naïf entretient le sournois.

Ils le savent tous, au fond, ces malheureux *nha quê* dont le fruit de tant d'années de labeur vient mourir le plus souvent sur le chaton d'une bague ; et tous incessamment reviennent à la charge, tête baissée, sur ce foyer lumineux qui les attire - pauvres phalènes éblouies par l'éclat d'une lampe d'auberge.

En résumé, de ce pays vénal, comme tant d'autres, charges, protection, conseil, etc., tout est soumis au tarif inévitable de l'influence et de l'amitié.

Or ici l'influence n'est souvent qu'apparente et l'amitié est toujours nulle.

Il n'y a pas dans tout le Tonkin de serment assez solennel, pas de morale assez profonde, pour résister au miroitement ensorceleur d'une piastre neuve.

Incompréhension et suspicion. - La société coloniale vivait bien dans sa tour d'ivoire, hors de laquelle point de salut. Son arrogance et son mépris se reflétaient dans le langage qu'elle utilisait pour désigner ses subordonnés vietnamiens. Quand il s'agissait des gens du peuple, on parlait de « pouilleux annamites », les mendiants étaient assimilés à la « horde immonde », sans parler du terme *nha quê*[8] qui était sur le bout des lèvres de la quasi-totalité des colons. L'incompréhension et le malentendu, amplifiés par la barrière linguistique, étaient complets. D'ailleurs, on ne cherchait pas à les surmonter. Ce qui ne faisait que compliquer la tâche aux Français de la métropole, qui souhaitaient se faire une idée des colonies. Une baronne parisienne désireuse de se renseigner sur les femmes vietnamiennes demanda par écrit à *L'Indépendance tonkinoise* si elles étaient « capables de sentiments, ces petites congaïs aux dents

8. Qui veut dire « paysan ».

d'ébène ». La question fut jugée « bien embarrassante » par le journal.

Dans la rue, il suffisait qu'un Vietnamien apostrophât un fonctionnaire français d'une façon jugée irrespectueuse pour qu'il fût arrêté. Lieu de témoignage, la rue enregistrait souvent des incidents de cet ordre, surtout quand les uns se déplaçaient en voiture et les autres à pied.

Un journal comme *L'Éveil économique de l'Indochine* ne pouvait s'empêcher de relater certains faits : « D'un côté il y a ceux qui roulent en auto, de l'autre ceux qui roulent sous les autos. [...] Nous verrons un de ces jours l'opinion publique, celle qui roule en auto, demander que les lois créent des punitions posthumes pour les écrasés. » Mais quand, en 1928, Pierre Pasquier, gouverneur général, adressa une circulaire aux administrations leur demandant de faire cesser la pratique du tutoiement systématique des « fonctionnaires, employés et agents français dans leurs rapports avec le personnel indigène », il fut ridiculisé par un rédacteur de ce même journal, qui écrit dans un numéro de juin 1932 : « [Il] n'ira pas dire à un passeur de bac : "Veuillez prier messieurs les collègues de ramer plus vite." "Toi dire coolies la rame lui faire *mao len*[9]" : voilà comment s'exprimerait en la circonstance le fin lettré Pierre Pasquier. » Il suffit de lire le récit de Philippe Franchini, *Continental Saigon*[10], décrivant, certes, la société de Saigon mais qui devait être analogue à celle de Hanoi, pour s'apercevoir du fossé séparant les deux mondes. Incompréhension, mépris et injustice furent les mères nourricières des révoltes qui devaient faire voler en éclats le système colonial.

Loisirs et plaisirs

Et pourtant, « la rencontre avec l'Occident, écrivent en 1942 Hoai Thanh et Hoai Chân dans leur ouvrage consacré aux poètes modernes, fut le plus grand bouleversement dans l'histoire du

9. « Transcription » du vietnamien *mau lên* qui signifie, dans ce contexte, « plus vite ».
10. Réédité par les éditions Métailié, Paris, 1995.

Viêt-nam de ces derniers siècles. [...] Nous nous logeons dans les habitations françaises, nous portons le chapeau français, les chaussures françaises, nous nous habillons à la française, sans parler des commodités comme l'électricité, la montre, la voiture, le train, le vélo. On a peine à énumérer tous les produits d'origine occidentale. [...] Ce sont justement ces nouveautés matérielles qui nous conduisent vers des idées nouvelles. [...] En l'espace d'une cinquantaine ou d'une soixantaine d'années seulement, mais qui paraissent des siècles et des siècles. Cependant, l'occidentalisation ne s'arrête pas là. Après avoir franchi deux étapes, formelle et idéelle, elle en entame une troisième. Comme elle a changé nos mœurs et coutumes dans la vie quotidienne, et aussi notre façon de réfléchir, elle finira par changer notre sensibilité. Les nouveaux aspects de la vie, les nouvelles idées et surtout l'influence progressive de la littérature française sont les agents de la troisième phase d'occidentalisation. L'Occident a pénétré jusqu'au tréfonds de notre âme. »

Les Français furent évidemment les principaux agents de cette modernisation. En 1936 à Hanoi, ils étaient environ 5 000 sur une population totale de 150 000, soit un peu plus de 3 %. Ce faible pourcentage était largement compensé par leur statut de privilégiés, dont les passe-temps et le mode de vie ne laissèrent guère indifférents les Vietnamiens. Avec l'introduction de la danse et du cinéma, ces derniers emboîtèrent le pas de leurs colonisateurs. Il s'agissait bien entendu d'un milieu évolué, car la barrière sociale, dictée par des considérations économiques et financières, interdisait aux autres de se jeter dans la nouvelle vague de la vie moderne.

Les salles de cinéma « sont fréquentées pour les deux tiers environ par des Français, un tiers par des indigènes appartenant à la classe bourgeoise (secrétaires, employés, commerçants et surtout jeunes scolaires et étudiants) », peut-on ainsi lire dans un rapport officiel. Les Français avaient une préférence pour le Palace de la rue Paul-Bert, la plus luxueuse, la plus moderne et la plus chère des sept salles existantes dans les années 30 ; en revanche, les couches populaires allaient au Trung Quôc (La Chine), situé dans la rue des Éventails, sans doute la moins chère et qui appartenait à des Chinois. Enfin, les moins fortunés devaient se contenter d'une

« place debout » de l'autre côté de l'écran. En 1937-1938, plus de cinq cents films furent projetés dans les salles de Hanoi. Cet essor fut soutenu par les comptes rendus paraissant régulièrement dans des journaux d'informations générales ou spécialisées en langue vietnamienne. Il s'agissait bien entendu de films commerciaux produits en Europe et aux États-Unis. La plupart sont aujourd'hui tombés dans l'oubli. Mais les images qui défilaient sur les écrans n'en contribuèrent pas moins, par la démonstration d'une supériorité technique, à renforcer le rôle dominant de l'Occident.

En matière de danse, contrairement aux autres peuples de l'Asie du Sud-Est, les Vietnamiens et les Vietnamiennes ne manifestaient pas d'adresse particulière, dans la mesure où cet art gestuel, jugé indigne des mœurs mandarinales, avait été banni dès le XIIIe siècle par les monarques, qui n'y étaient pourtant pas insensibles. Certains d'entre eux ne manquèrent pas, à l'occasion des guerres contre le Champa, de capturer quelques danseuses et de les ramener dans leur Cité interdite, pour les admirer en privé. Il fallut attendre les danses modernes pour voir les Vietnamiens s'adonner à ce plaisir. Là encore, seuls les gens aisés se permirent de suivre l'exemple des Européens. La création des dancings provoqua, dans les années 30, une prolifération de cours de danse.

Deux principales raisons expliquent ce phénomène de mode. La première était d'ordre moral : la société vietnamienne traditionnelle imprégnée de doctrines confucéennes interdisait toute fréquentation entre hommes et femmes en dehors du mariage. Les plaisirs étaient tabous, sauf pour les dignitaires de la cour. La vie moderne dans les centres urbains malmena les contraintes traditionnelles, et la recherche du plaisir, ne fût-ce que celui de la danse en couple, devint pour la jeune génération libérée un souci majeur. La seconde raison découle de la première. Les dancings supplantèrent les maisons de chanteuses, qui offraient des distractions désuètes et dégénérèrent en maisons closes. En fait, Français et Vietnamiens ne fréquentaient pas les mêmes lieux. À l'exception des légionnaires, les premiers allaient au dancing, la plupart du temps accompagnés de leurs cavalières ; les seconds y allaient seuls, car ils y trouvaient des entraîneuses. La plupart des Vietnamiennes restaient d'ailleurs sous l'emprise de la tradition.

Ces femmes que les Européens nommaient « congaïs[11] »

L'opinion n'était pas tendre avec les Vietnamiennes qui, pour une raison ou une autre, partageaient la vie d'un compagnon français, situation d'autant plus intolérable que ce dernier bénéficiait d'une position dominante du fait de la colonisation. Les Vietnamiens ont créé un terme spécifique et lourd de sous-entendus pour désigner ces femmes maudites : *me tây*, « concubines des Occidentaux ». Une enquête menée en 1934 par Vu Trong Phung dans un village proche d'une caserne, et publiée en 1936 sous le titre de *Ky nghê lây Tây*, autrement dit *Industrialisation du mariage avec des Français*, décrit cette sorte de relations, faussées dès le départ par les inégalités de la société coloniale. Pour combler l'ennui et la solitude des casernes, ou bien à la recherche d'exotisme, les jeunes célibataires français troquaient leur solde contre un parfum d'amour dispensé par des Vietnamiennes, désœuvrées pour la plupart et en quête de sécurité matérielle. Parfois, la brutalité des uns rimait, dans ce contexte, avec la tromperie des autres, et le concubinage pouvait être rompu à tout moment sur l'initiative de l'une des deux parties. La rencontre et la séparation se passaient de cérémonies.

Une scène extraite de l'enquête de Vu Trong Phung en dit long sur la nature de ces rapports :

> - Toi pas droit coucher encore chez moi ! Toi quitter moi sans payer, alors fini femme, fini mari. Alors quitter.
>
> Après quelques instants de silence s'élevait de nouveau la voix énervée de la femme :
>
> - Non, c'est fini ! Va-t'en ! [...]
>
> Le militaire - s'agissait-il du mari ou d'un client ? - resta sans broncher, comme s'il voulait d'abord voir les effets de son silence. La femme se mit alors en colère et lui montra du doigt la rue :
>
> - Va-t'en. Tout de suite !
>
> Ce fut seulement à ce moment-là que le mari chassé réagit :
>
> - Répète ce que tu viens de dire !

11. En vietnamien, *congaï* signifie « fille ». Ce terme s'est chargé d'une connotation péjorative.

> La femme lui dit dans les yeux :
>
> - Va-t'en ! Moi pas peur toi ! Si toi faire quelque chose, moi dire commandant faire toi prison et toi passer conseil de guerre !
>
> Plaff ! La gifle venait de ponctuer les paroles insultantes doublées de menaces de l'insolente.

Une autre cavalière d'Occidental explique les raisons de ce genre de conflit : « Tout le monde sait que c'est l'argent et non l'amour qui nous unit à ces hommes. Mais parfois, ils sont impossibles. Quand leurs poches sont bien pleines, ils vont chercher des plus jeunes que nous pour s'amuser. Et quand ils n'ont plus rien, ils reviennent nous voir ; comment peut-on l'accepter ? [...] Certains sont très fidèles. Mais c'est le destin. Je ne tombe que sur des vauriens. Comment faire ? Le dernier est un Allemand. C'est un criminel qui a fui son pays. C'est terrible ! Ne pensez-vous pas que nous sommes vraiment suicidaires ? Coucher même avec des criminels ! Physiquement il est beau, mais son âme est très laide. [...] Si jamais j'avoue, il pourrait me tuer. Comme c'est pour de l'argent que je l'ai épousé, il pourrait me pardonner. Si j'avoue, il va me considérer comme une putain. [...] Les gens comme nous sont des laissés-pour-compte. Même si la société ne nous méprise pas, nous sommes conscientes de notre condition. Je nargue les moqueries des autres sur ma pauvreté et mon humble situation ; je m'efforce seulement de m'enrichir pour que, plus tard, je puisse me venger de ceux qui me méprisent. »

Autre témoignage qu'a recueilli Vu Trong Phung :

> - Oui, j'ai la nationalité française mais je ne compte pas me marier avec un Français ; si c'est le cas, c'est parce que je ne pourrai pas faire autrement. Parce que je les connais trop depuis mon enfance jusqu'à présent. Ma mère s'est mariée quatre fois. Quand mon père est rentré en France, j'ai vu ce qui est arrivé après. Ma situation est bien embarrassante. Si j'épouse un Français, le jour où il devra rentrer dans son pays, ne risquerai-je pas de le suivre et de laisser ma mère mourir de faim ?
>
> - Épouser un Annamite ?
>
> - C'est aussi difficile. Ceux qui ont le courage de me demander ma main risquent le veto des parents, qui n'acceptent pas leurs actes. [...] Là, on parle de ceux qui ont du courage. Quant aux

> autres, les conformistes, ils n'auront pas le cran de demander la main d'une métisse. Être métisse est un malheur. Les Français ne nous apprécient vraiment pas et les Annamites ne nous aiment pas trop. Pour la haute société occidentale, le sang mêlé est une honte et, pour celle des Annamites, ce n'est pas la gloire non plus. Mon Dieu, en fait je suis une apatride.

Le sort des enfants nés de ce genre d'union n'était guère enviable. Il est évoqué par Justin Godart, l'envoyé du Front populaire en Indochine en 1937, dont le *Rapport de mission* vient d'être publié en 1994. Victimes de préjugés et de ségrégation sociale, ils étaient traités en citoyens de seconde zone, dont le salaire, pour le même travail, avoisinait davantage celui des « indigènes » que celui des Français.

Monsieur Franco-Annamite

Mais le métissage pouvait s'effectuer à un autre niveau. Dans la vie de tous les jours comme lors des cérémonies, l'européanisation se traduisait, pour les hommes, par la tenue vestimentaire, adaptée à la condition sociale de chacun. Si les jeunes, adeptes du modernisme ou issus des milieux aisés, s'habillaient de la tête aux pieds à l'européenne, les employés des administrations et la plupart des citadins se contentaient d'une demi-mesure, soit en adoptant le pantalon occidental et en gardant leur longue tunique par-dessus, soit en portant la chemise par-dessus le pantalon traditionnel large et flottant.

Sur la photo prise en 1946 après la formation du gouvernement de coalition nationale de Hô Chi Minh, on voit que bon nombre de ministres gardaient encore leur tenue traditionnelle. C'est par exemple le cas de Nguyên Van Tô, ancien secrétaire à l'École française d'Extrême-Orient et président de l'Association pour la diffusion du *quôc ngu*, et de Huynh Thuc Khang, ancien bagnard de Poulo-Condor qui avait été condamné pour avoir participé aux mouvements contestataires de 1907 et ex-rédacteur en chef du journal *Tiêng dân (La Voix du peuple)*, édité à Huê. Par contre, lors de la réception du général Leclerc à Hanoi la même année,

Vo Nguyên Giap portait casque et tenue coloniale blanche. Si la plupart des citadins avaient troqué leur chignon au profit de la coupe au carré et abandonné le turban pour le chapeau, des irréductibles gardèrent cette coiffe traditionnelle jusqu'à la fin de la Seconde Guerre mondiale.

Pour certains, l'assimilation de la culture occidentale passait par une acculturation pouvant aller jusqu'au reniement de leurs origines. Le thème fut exploité dans la pièce *Ông Tây An Nam (Monsieur Franco-Annamite)*, de Nam Xuong. Inspiré dans un premier temps des pièces françaises traduites au début du siècle par Nguyên Van Vinh, notamment des comédies de Molière, le théâtre vietnamien atteignait sa maturité dans les années 30. Les jeunes dramaturges, tous amateurs, se nourrissaient de faits sociaux de cette époque qualifiée par les Vietnamiens de « période de transition ». Bouleversement social, famille à la dérive, émancipation de la femme et amour libre furent les principaux thèmes mis en scène pour un public d'abord troublé par la nouveauté de ce style. Néanmoins, le théâtre contribuait, au même titre que la littérature et la poésie modernes, à irriguer les racines d'une renaissance culturelle.

Ainsi, après s'être lui-même inspiré de Molière, Nam Xuong traite dans *Monsieur Franco-Annamite* (1930) la société vietnamienne avec un humour particulier. Le personnage principal, Cu Lân, jeune licencié de retour de France, est représentatif du microcosme urbain de Hanoi. La pièce, en trois actes, s'ouvre sur le retour de Cu Lân, qui ne parle plus vietnamien, se comporte comme un Européen en embrassant son père, ignore Confucius et ne cherche pas à savoir qui était ce personnage que son géniteur vénère. Il ne s'adresse à son père qu'en français, par le truchement de son serviteur qui fait l'interprète :

> - Il est mon père, je ne le nie pas, mais, d'un autre côté, je suis européen et je tiens à l'être, dis-le lui... Qu'il se taise ! Voyons, que je parle d'abord. [...] Je ne peux, en conséquence, supporter qu'on me considère comme un sale indigène, me voie ensemble avec des indigènes, appeler « papa » un homme qui sent l'indigène à vingt lieues à la ronde. [...] Qu'il cesse d'être annamite. [...] Ce n'est pas si difficile qu'on le croit. Se débarrasser de ce hideux costume et s'habiller à l'européenne, retrousser sa barbe, couper

> ses cheveux, crayonner ses yeux pour qu'ils paraissent plus gros, se crémer et se poudrer pour avoir une peau blanche, voilà un premier pas. [...] Ensuite, manifester un mépris catégorique pour tout ce qui est annamite, même pour la langue, chose au dernier degré annamite de cet Annam annamitisant et qu'idiotement on appelle maternelle. Enfin, pour ne pas nous mêler avec ces grouillants *nha quê*, appelés à devenir d'une autre race que nous, qu'il vende tous ses biens, qu'il me suive en France, qu'il s'y établisse pour jamais ; le voilà un Français de race comme je le suis à l'heure actuelle[12].

Au-delà de la caricature, l'auteur décrit en fait un monde dont l'ordre moral a été renversé. Qu'un fils vietnamien enjoigne à son père de se taire n'était ni plus ni moins qu'un blasphème au regard de la tradition confucéenne.

Si modeste que fût son rôle dans la création artistique et littéraire, le théâtre disputait déjà le terrain à son rival classique, le *tuông*, d'origine chinoise. En 1936, un groupe d'amis demanda à la mairie de Hanoi qu'elle lui prête la salle du théâtre municipal pour donner une représentation commémorative. Ils voulaient célébrer la mémoire de Nguyên Van Vinh qui, dans la décennie précédente, avait été l'initiateur du théâtre vietnamien et qui, ruiné par le journalisme, venait de décéder au Laos lors d'une aventureuse recherche de mines d'or. Leur requête fut refusée. On était pourtant en plein Front populaire, qui ravivait l'espoir des Vietnamiens de voir pour de bon les Français se montrer plus compréhensifs, l'espoir de retrouver leur dignité et d'avoir un minimum de confort matériel.

Espoirs d'un jour

La venue en 1926 d'Alexandre Varenne, porteur lui aussi d'espoir en sa qualité de gouverneur général issu des rangs socialistes, suscita alors une véritable levée de boucliers. Son geste le plus spectaculaire fut l'amnistie de Phan Bôi Châu[13], qui avait été

12. Le passage est en français dans le texte.
13. Grand nationaliste du début du siècle.

condamné à mort par contumace ; le milieu colonial conservateur voyait dans cette mesure de clémence la fin du règne blanc. Pourtant, l'illusion fut de courte durée, car Varenne se laissa rattraper par le courant dominant.

Quoi qu'il en fût, le microcosme colonial était en quelque sorte le reflet de la vie politique métropolitaine, avec ses conservateurs et ses progressistes, ses contradictions et ses belles intentions. En 1891, *L'Indépendance tonkinoise* reproduit le résultat d'un sondage réalisé en métropole par le journal *La France* au sujet de l'évacuation éventuelle du Tonkin. Les 10 000 réponses dépouillées font apparaître la répartition suivante :

Pour l'évacuation	2 700
Évacuation pure et simple	500
Garder toutes les forces disponibles	1 200
Raisons diverses	1 000
Rester au Tonkin	7 300
Amour-propre engagé	1 000
Frapper un grand coup et en finir	3 000
Mettre un général à la tête du Tonkin	2 000
Envoyer Jules Ferry	1 000
Raisons diverses	300

Soit trois quarts de l'opinion qui vont au maintien de cet état de fait. Parmi eux, Le Myre de Villers, premier gouverneur civil de l'Indochine, qui déclara : « Si l'on abandonne le Tonkin, savez-vous ce que deviendraient les missionnaires ? Eh bien ! ils seraient condamnés à la mort lente : on leur trancherait la tête ! », dans un propos recueilli par *L'Indépendance tonkinoise* du 10 janvier 1891.

Les proportions de l'opinion métropolitaine se vérifient-elles sur le terrain ? Sans doute pas. Bien que l'opposition interne du milieu colonial soit marginale, il existe toujours un courant progressiste qui, selon les circonstances, jaillit et fait hurler les colons purs et durs ou reste cantonné dans les souterrains de la colonisation. Un Lanessan fit partie de ce courant libéral. Élu en 1881 député du cinquième arrondissement de Paris, Antoine de Lanessan siégea d'abord à l'extrême gauche avant de se rapprocher des républicains. Il s'est toujours occupé des questions coloniales, ayant passé plusieurs années en Afrique puis en Cochinchine comme aide-médecin. Il est nommé gouverneur général du Tonkin et entre en fonction en juin 1891, accueilli symboliquement par un coup de canon tiré depuis le port de Haiphong. Ses confrères de la Fraternité tonkinoise ne manquèrent pas de marquer sa promotion par un banquet en son honneur, sous la présidence de M. Fellonneau, vénérable de la loge maçonnique. Cette même année 1891, lors de la réception, au palais du gouverneur, des soixante-trois licenciés lauréats du concours de Nam Dinh, Lanessan faisait cette subtile mise au point sur la place de chacun : « Je vous félicite des succès que vous venez de remporter et je tiens à vous assurer de mon respect pour la philosophie si élevée de Confucius qui vous a été inculquée : je sais que cette philosophie vous enseigne le respect de l'autorité, le respect de la famille, qu'elle vous indique les devoirs du mandarin vis-à-vis des citoyens en même temps que les devoirs des citoyens vis-à-vis de leurs chefs[14]. »

D'autres encore prenaient leur fonction à cœur, en essayant de rapprocher les peuples. M. Peret, résident de Thai Binh, fut l'un d'eux. Il devait se donner la mort en 1926, faute d'être parvenu à préserver ses administrés d'une inondation dévastatrice. Aussi ces derniers l'ont-ils érigé au rang de « génie » et lui ont-ils élevé un temple. Le socialiste Babut, aujourd'hui tombé dans l'oubli, s'engagea aux côtés des Vietnamiens ; il les soutint en tant que journaliste dans la remise en cause de la situation coloniale. Son journal, *Librement socialiste*, en édition bilingue français-vietnamien, en témoigne. En 1936, il dénonçait dans un journal féministe, *Dan ba moi*, de Mme Thuy An, le clientélisme des élections. D'autres membres de la section coloniale de la SFIO, les uns journalistes, les autres enseignants, contribuèrent encore à l'éclosion des idées du progrès social. La Ligue des droits de l'homme y fut très active à une certaine époque. Ce fut grâce à son intervention que Phan Chu Trinh, figure patriotique du début du siècle, fut

14. *L'Indépendance tonkinoise*, 19 décembre 1891.

libéré du bagne. Mais le consensus colonial voulait qu'il fût expatrié en France.

Après la victoire de la gauche aux élections législatives, la situation dans les colonies et territoires assimilés devait, en principe, être revue à la hausse par le gouvernement du Front populaire. Justin Godart fut chargé à cet effet d'une mission de collecte d'informations relatives à l'opinion publique en Indochine, entre autres colonies, pour faire des propositions à son retour. Après sa tournée en Cochinchine, au Cambodge et au Laos, il arriva à Hanoi le 2 février 1937. Le comité d'organisation de la réception avait été mis en place par des groupements politiques, dont celui que représentait *Le Travail*, journal dirigé par les communistes, et des représentants de la population. Quelque 30 000 personnes devaient se rassembler à la gare pour accueillir le délégué du Front populaire ; or la date de son arrivée dans la capitale avait été gardée secrète jusqu'à la dernière minute. La veille, le chef de la Sûreté, M. Arnoux, avait convoqué la presse et lui avait d'abord communiqué la date du 1er février, avant de rectifier le lendemain, sans préciser l'heure d'arrivée. Des « policiers trop zélés » ne purent s'empêcher d'intervenir, de peur, sans doute, que la situation ne tournât au désavantage du pouvoir. En définitive, M. Arnoux se rendit sur place dans l'intention de détourner avec l'aide des gardes indigènes une partie des manifestants, pour les « affecter » à la résidence supérieure. Dans leur indignation, ces groupes se dispersèrent d'eux-mêmes et, du coup, Justin Godart fut privé d'un bain de foule prévu de longue date. Cette maladresse politique de la part des autorités surprit quelque peu le délégué, qui donna raison aux organisateurs de la manifestation.

En ces années 1936 et 1937, les grèves reprirent de plus belle et sur tout le territoire, du nord au sud, tant dans les entreprises françaises que dans celles que dirigeaient les Vietnamiens. Pour ne citer qu'un exemple parmi d'autres, au bout d'une semaine de grèves, menées du 19 au 26 octobre 1936, les trois cents ouvriers des scieries de Hanoi obtenaient gain de cause sur leurs revendications salariales : 40 % d'augmentation. Un contremaître vietnamien, « consigné pour information judiciaire », fut retrouvé suicidé par pendaison avant le dénouement du conflit. Mais la venue de

Justin Godart ne suffit guère à insuffler de grands changements, car l'opinion coloniale était plutôt hostile aux idées incarnées par le Front populaire. Dans son discours prononcé le 15 février 1937 à l'Association pour la formation intellectuelle et morale des Annamites (AFIMA), lors de la réception du délégué, Raymond Delmas, président de la section, ne manqua pas, devant une centaine d'adhérents de la Ligue des droits de l'homme de la section de Hanoi, de faire allusion à ces deux aspects. « Les prolétaires européens ne peuvent se faire une idée précise de la misère émouvante de ces pauvres hommes. [...] L'opinion publique de ce pays, j'entends "celle des Français" de ce pays, n'est pas dans son ensemble, il s'en faut de beaucoup, extrêmement favorable à l'idéal du Rassemblement populaire. La presse française a sa part de responsabilité dans cet état de choses. Dans certaines feuilles, les nouvelles sont toujours présentées de façon tendancieuse et défavorable. »

Malgré tout, quelques mesures furent appliquées ou promulguées : des prisonniers politiques furent libérés, le décret du 13 octobre 1936 porta la journée de travail à huit heures, abrogea le travail de nuit des femmes et des enfants et institua un congé annuel. D'après le décret du 30 décembre, le code du travail devait être appliqué en Indochine. Quant aux autres requêtes écrites et remises au délégué, touchant à la liberté politique, syndicale, de réunion et d'association, d'opinion, de voyage, etc., les Vietnamiens devraient, sur ces points, patienter, car elles furent renvoyées aux calendes grecques. En dernier lieu, la question nationale ne fut pas formulée en requête par les Vietnamiens, car les conditions favorables n'étaient pas réunies à cette époque. Avec le déclenchement de la Seconde Guerre mondiale, elle surgit en plein jour et ranima les aspirations. Tous les espoirs étaient enfin permis, surtout celui contenu dans un seul mot, ô combien magique : *dôc lâp*, indépendance.

2. *Histoire visible, histoires secrètes*

1945 : sous le drapeau rouge

Georges Boudarel

Le drapeau français camoufle vainement l'atroce réalité de la famine et les bouleversements provoqués par la Seconde Guerre mondiale. La révolution est en marche, orchestrée par des maîtres de la clandestinité. Vu Dinh Huynh est l'un deux. Il sort ici de l'ombre pour apporter un témoignage inédit.

En 1945, la ville enserrée dans la courbe du fleuve Rouge vit mal le joug colonialiste depuis longtemps. Paris en avait fait la capitale d'une Indochine dite française, qui est occupée par les Japonais depuis plus de quatre ans. Les trois couleurs qui flottent dans son ciel camouflent vainement une atroce réalité. Le jute ayant pris la place du paddy dans la rizière pour satisfaire les exigences nippones, les paysans viennent mourir de faim jusque dans les rues de l'agglomération urbaine.

D'autres réalités ne sont pas moins évidentes, qui résultent des bouleversements provoqués par la Seconde Guerre mondiale, en l'occurrence l'émergence depuis longtemps préparée et réprimée d'une vague de fond nationaliste dans les pays colonisés. Pourtant, les dirigeants français de la colonie ne semblent pas en avoir pris pleinement conscience, ainsi qu'en témoigne l'anecdote suivante.

Vers le milieu de 1944, le général Mordant, devenu le chef de la Résistance française en Indochine, fit savoir au polytechnicien Hoang Xuân Han qu'il désirait le rencontrer pour mieux s'informer. Ce dernier formula ses vues sans ambages : « Il faut modifier de fond en comble l'administration. Ce n'est pas facile. Les meilleurs, qu'ils soient communistes, socialistes ou nationalistes, sont en prison ou au bagne, à Son La, Lao Bao ou ailleurs. » Ce franc-parler avait étonné Mordant, les Vietnamiens ayant plutôt la réputation d'un langage convenu. « Ne peut-on pas faire quelque chose avec les autres ? » demanda-t-il. « Impossible ! Ils sont tous devenus serviles, à force d'avoir été asservis », répondit Han, qui accepta de rédiger avec des amis une note sur les aspirations des Vietnamiens.

L'abdication du roi y était envisagée, pour aller vers l'indépendance dans un cadre républicain, en passant par l'autonomie. Informé des perspectives ouvertes par le général de Gaulle à Brazzaville, Han les jugeait radicalement dépassées, Londres ayant déjà fait à l'Inde et à la Birmanie des promesses d'indépendance. Si pour le Viêt-nam les jalons et les modalités pouvaient se discuter, l'essentiel était d'abord et avant tout de sortir de l'impasse.

> Mes propos, dit-il, suscitèrent une réaction franchement hostile de Mordant, qui devait avoir d'autres contacts car il me fit savoir que les communistes demandaient beaucoup moins. Le général estimait que nous voulions faire tenir en équilibre une pyramide en la posant sur la pointe. Mordant était convaincu qu'après la catastrophique défaite de leur flotte à Leyte aux Philippines, en octobre 1944, les Japonais n'oseraient pas toucher à l'administration française en Indochine. J'étais persuadé du contraire, mais ce fut en vain que je lui fis savoir que nous autres, Vietnamiens, préférerions que l'indépendance nous soit accordée par la France plutôt que par le Japon[1].

Le coup de force japonais du 9 mars 1945 mit un terme à ces illusions. Le traité de protectorat était désormais caduc ; il faudra cependant attendre jusqu'en mai pour que se constitue un gouvernement présidé par Trân Trong Kim. Des intellectuels membres des groupes Thanh Nghi (Débats) et Tri Tân (Esprit nouveau) y faisaient contrepoids, aux vues des projaponais du parti hier encore clandestin Dai Viêt, que partageait le Premier ministre.

La scène principale du jeu politique s'est donc à nouveau installée à Hanoi. La situation est trouble. On y ramasse tous les jours

1. Conférence à l'Institut d'histoire du temps présent, 8 novembre 1982.

des tas de cadavres. À l'époque, le romancier Nguyên Hông publia sur cette famine d'hallucinants reportages repris dans *L'Enfer et la Fournaise (Dia nguc va lo lua)*. On dénombrera deux millions de morts au Tonkin, chiffre confirmé par la minutieuse enquête de Van Tao et de l'historien japonais Furuta Motoo[2].

Pendant ce temps, une poignée de militants communistes tissent des liens entre un maquis embryonnaire, des cellules rurales qui font monter les paysans à l'assaut des dépôts de riz et un certain Hô Chi Minh qui est allé contacter les services secrets américains de l'OSS à Kunming. Quarante ans plus tard, Han dira qu'avec très peu de forces militaires Hô a joué superbement de la situation à ce moment-là. Sa propagande a été irrésistible et son slogan le plus efficace : « Les Américains sont avec nous ! » Une Française de la colonie, Françoise Martin, confirme le fait :

> Le 22 août, quelques parachutistes des États-Unis furent lâchés sur Gia Lâm. On apprit, le soir même, que vingt-cinq chambres avaient été retenues à l'hôtel Métropole pour des Américains. Ces nouvelles firent un énorme effet dans le milieu colonial, qui perdit vite ses illusions. Il devint assez vite évident, même aux américanophiles les plus endurcis, que ceux que nous pouvions croire venus pour nous « sauver » étaient en réalité en train d'aider les Annamites ! À nos dépens[3] !

Une explosion non violente

S'il est une date autour de laquelle tout s'articule à Hanoi, c'est sans le moindre doute celle de l'explosion - non violente ! - des derniers jours d'août 1945. Sans un échange de coups de feu sur le terrain, tout bascula. D'où venait cette étrange poudre si efficace, et surtout si peu meurtrière ? Qui avait posé la mèche, qui l'avait allumée ? Dans l'impressionnant ouvrage qu'il vient de publier, *Vietnam 1945. The Quest for Power*, David Marr note d'emblée : « Plus je creusais les matériaux vietnamiens, plus je réalisais qu'il

2. *Tuôi Tre chu nhât*, novembre 1995, p. 34.
3. F. Martin, *Heures tragiques au Tonkin*, Nancy, Berger-Levrault, 1948, p. 153-154.

était impossible de sonder en profondeur les événements de 1945 en les traitant comme une affaire exclusivement vietnamienne[4]. »

Certes, on peut être tenté de dire que toute la planète fut impliquée dans cet extraordinaire imbroglio. À commencer par tous les grands belligérants, du Japon aux États-Unis, en passant par la Chine, la France et la Grande-Bretagne, sans oublier l'URSS, qui pesa lourd dans l'imaginaire bien qu'elle demeurât en coulisse. Pourtant, des raisons tout aussi objectives nous amènent à sonder les cavernes du tréfonds vietnamien, qui ne sont pas seulement celles de la baie d'Halong, si ouvertes aux touristes. L'histoire vécue réserve des surprises aux partisans d'une science bien ambiguë qui peuvent la juger datée, pour ne pas dire inclassable. Un des plus grands acteurs de cet événement, le général Giap, écrit fort justement : « Le plus souvent, c'est après coup qu'on découvre comment une possibilité est devenue réalité. Et on est tenté d'affirmer que cela devait se passer ainsi[5]. »

Quoi qu'il en fût des circonstances extérieures et des impondérables, on ne saurait réduire le rôle qu'eurent les véritables maîtres d'œuvre de cette mutation radicale et sans violence, accomplie en quelques jours, pour ne pas dire en vingt-quatre heures. Si l'on peut justement estimer que ces hommes étaient les Hô Chi Minh, Truong Chinh, Giap, et avec eux les membres du Bureau politique, il convient de ne pas oublier les acteurs locaux, dont la fonction a été bien dégagée par l'histoire officielle de Hanoi. Le 15 août, au village de Van Phuc, dans la banlieue de la capitale, à la nouvelle de la capitulation sans condition du Japon, le comité local du Parti communiste indochinois se réunit aussitôt sous la direction de son secrétaire, Nguyên Khang. Les quelques hommes présents, assis en tailleur à côté d'un vieux métier à tisser artisanal, vont décider du sort de la ville... et du pays. Le Comité central est loin, une décision rapide s'impose, mais ils ont déjà des directives à partir desquelles ils prennent leurs responsabilités. La ligne était de renverser les Japonais. C'est impossible par la force. Ils vont donc choisir de les « neutraliser ».

---

4. D. Marr, *Vietnam 1945. The Quest for Power*, University of California Press, 1995, p. XXIII.
5. Vo Nguyên Giap, *Des journées inoubliables*, Hanoi, ELE, 1975, p. 68.

Pendant des mois, ils ont fait de l'agitation politique. Prises de parole éclair sur les marchés, trafic d'armes, chasse aux mouchards impitoyablement et théâtralement exécutés. Trân Dô, qui était encore au bagne à Son La peu de temps auparavant, est venu au bord du fleuve Rouge récupérer les armes qu'on lui avait envoyées. Dans certains faubourgs, des villages entiers sont pratiquement sous le commandement de leur comité de libération. Dans l'un d'eux, Vuong Thua Vu, futur commandant du régiment de la capitale, a su donner une formation militaire grâce à des fusils de bois. Avec des forces embryonnaires plus que disparates, il va bientôt jeter dans la cité 800 à 900 hommes.

L'association des fonctionnaires du gouvernement projaponais leur fournit un tremplin en appelant à une manifestation pour le 17. Ce jour-là, pour la première fois, on entend chanter dans les rues l'air que Van Cao vient de composer et qui va devenir l'hymne national, *La Marche des troupes (Tiên quân ca)*. Le nationaliste Doàn Thêm, venu à la manifestation pour acclamer Trân Trong Kim, est stupéfait d'entendre sur la place du théâtre des voix qui crient : « Vive le Viêt-minh ! » Celles-ci deviennent plus nombreuses quand le défilé démarre, après le meeting.

> Comme nous atteignions le grand carrefour de la porte du Sud (Cua Nam), écrit-il, un groupe de banlieusards mal fagotés, veste et pantalon de toile noire, sûrement pas des fonctionnaires, déboulèrent en courant dans nos rangs, avec des drapeaux rouges à étoile d'or.
>
> L'un d'eux, qui brandissait un instrument peu courant à l'époque, tira quelques coups de pistolet en l'air, pour impressionner les gens, et tous se mirent à crier : « Vive le Front de libération ! » Était-ce par peur ? Le fait est que quelques fonctionnaires se résignèrent à crier des vivats par réflexe. Les policiers plantés sur le trottoir n'en croyaient pas leurs yeux et s'interrogeaient sans intervenir, bien que de nombreux autres groupes qui se tenaient par la main fissent un salut de type plus ou moins fasciste, à l'italienne, en l'honneur d'une organisation que les employés de l'administration ignoraient[6].

6. Doân Thêm, *Nhung ngày chua quen (Des jours inoubliables)*, Los Angeles, Dai Nam, rééd., p. 47-48.

Dans les quarante-huit heures, tout se précipite. Depuis le 13, Phan Kê An, fils de Phan Kê Toai, vice-roi du Tonkin, a mis son père en contact avec le Viêt-minh et l'a fait glisser du côté de la révolution, qui assure sa garde depuis le soir du 17.

Dans la journée du 19, un nouveau grand meeting étant prévu sur la place du théâtre, une foule venue de la banlieue envahit le centre sans que les Japonais, contactés en coulisse, interviennent. À peine une personnalité officielle a-t-elle pris la parole que Nguyên Khang, qui a fait déployer le drapeau rouge étoilé d'or sur la façade, lui arrache le micro pour galvaniser la foule en faveur du Viêt-minh. Entraînée par Lê Trong Nghia, elle prend d'assaut le palais du vice-roi en escaladant la porte et les barrières, à deux pas du lieu de rassemblement.

Dès le soir, la foule et le Viêt-minh sont maîtres de la capitale. À cette heure, pourtant, les plus importants dirigeants de cette organisation sont absents. Ils sont encore dans une « base de guerre » installée à Tân Trao, à une centaine de kilomètres de là. C'est là qu'intervient un personnage jeté aux oubliettes, champion de l'incognito dans la révolution, de sa préparation à ses surlendemains. Le meilleur des témoins et des symboles qui soient. Il se nomme Vu Dinh Huynh.

Un maître d'œuvre de la clandestinité : Vu Dinh Huynh (1904-1991)

Qui est-il ? Difficile de tracer sa biographie et son portrait. Sa photo doit être recherchée dans la presse française de 1946, quand il jouait l'officier d'ordonnance auprès de Hô Chi Minh en voyage officiel.

On sait que, dès le début des années 20, à seize ans, il avait participé à l'Association des camarades révolutionnaires, montée depuis Canton par Nguyên Ai Quôc. Dès la création du Parti communiste indochinois, en 1930, il en fut membre ; il choisit alors de militer dans une voie originale qui fit de lui le clandestin par excellence, immergé dans un incognito absolu. Radicalement allergique à l'administration coloniale, il préféra le clair-obscur des milieux d'affaires. Le Viêt-nam de demain n'aurait-il pas davantage besoin de businessmen que de ronds-de-cuir, déjà trop nombreux ?

Sa femme, aussi évoluée qu'active, sortait de l'ordinaire. Elle organisa les premières courses publiques de jeunes filles qui, en shorts, dévoilaient - ô horreur ! - leurs cuisses nues. Un journaliste fort conservateur ayant trempé sa plume dans le vitriol pour décrire une compétition féminine dans son grand quotidien, elle jugea que la polémique écrite aurait l'effet inverse de celui qu'elle escomptait. À l'heure du conseil de rédaction du journal en question, elle se rendit sur les lieux et, en pleine réunion, donna au plumitif une gifle qui mit un terme définitif à tout débat.

Huynh, quant à lui, poursuivait son activité clandestine dans des entreprises dont son franc-parler le fit licencier plusieurs fois. Un frère bien placé lui remettait alors le pied à un autre étrier. On ignore exactement quelles furent ses préoccupations. Son parti l'orientait vers le milieu intellectuel, où il était hautement apprécié en dépit de son absence de diplôme, mais ses activités restaient assez floues pour qu'aujourd'hui encore des journalistes bien informés nient qu'il ait appartenu au Parti communiste[7]. La Sûreté, par contre, qui avait de très longues oreilles, le fit arrêter en 1939 et déporter au bagne de Son La, où il partagea les conditions de détention de plusieurs dirigeants de premier plan. Il fut libéré en 1941 et reprit ses activités de commis-voyageur lui permettant d'organiser les liaisons clandestines.

Pour des raisons qu'on découvrira par la suite sous le silence des récits officiels, l'action fondamentale de Vu Dinh Huynh dans l'été n'est mentionnée dans aucun ouvrage, exception faite d'un article miraculeusement paru sous son nom à Hô Chi Minh-Ville et qui évoque le brûlant été de 1945 à Hanoi[8] :

> Dans l'invraisemblable pagaille du moment, les politiques incarcérés à la maison centrale s'évadaient à qui mieux mieux, faisant

7. Voir la chronique de Mo Ba in *Phu nu dien dan*, États-Unis, nº 104, septembre 1992, p. 16-20.

8. Vu Dinh Huynh, « L'oncle Hô de Tân Trao à Hanoi. Souvenirs », in *Van (Les Lettres)*, nº 8, mars 1990, p. 6-25.

le mur ou empruntant les égouts. Ma petite maison du 65 rue Sergent-Larrivé (ex-rue de la Distillerie, aujourd'hui rue Nguyên Công Tru) devenait un caravansérail trépidant en sourdine. Trépidant, car on y vit arriver en même temps quantité de compagnons de lutte. [...] Pour tous, mille sujets de débats et plans d'action étaient à l'ordre du jour. La révolution avait besoin de tous les bras qui pouvaient s'offrir à elle. Mais sans faire trop de bruit. Ma femme ne cessait de rappeler à l'ordre ceux qui s'emballaient dans la discussion ou riaient aux éclats, les obligeant à baisser la voix, dans le feu des controverses.

Pour tout ce monde, il fallait d'abord trouver des habits adaptés à leur dégaine, pour mieux passer inaperçus. Tenues d'ouvriers, d'instituteurs, d'étudiants réglèrent le problème. Les repas posaient un autre sérieux problème, tant pour le marché que pour la cuisine. Dans ce domaine, nous nous en remettions entièrement à Mme Tuong, qui nous aidait pour le ménage. Catholique fervente, prières tous les jours, messe tous les dimanches, elle passait le plus clair de son temps à servir des communistes qui ne croyaient ni à Dieu, ni à diable, à détourner d'eux les mouchards et les quarts-d'œil, et même à assurer leurs liaisons. Elle sera décorée pour services rendus à la révolution.

La grande difficulté était de passer inaperçu aux yeux des mouchards qui épiaient les rues. Sao Dao (Étoile Rouge), pseudonyme de Nguyên Luong Bang, membre du Bureau politique qui venait de s'évader, oubliait que sa tête avait été mise à prix 10 000 piastres quand il arpentait les boulevards dans son grand paletot noir, avec l'aplomb d'un gros entrepreneur.

Les rangs des projaponais commençaient à s'éclaircir sérieusement. Nombre de personnalités bien informées glissaient du côté de la révolution. À tel point que l'homme de confiance qu'ils avaient fait nommer vice-roi avait opéré le même mouvement, sans même qu'ils sachent ni pourquoi ni comment. Enquête faite, il se révélait que son fils, Phan Kê An, militait dans le mouvement des collégiens et lycéens. Quand elle le sut, la Kampetai se dispensa de l'arrêter, mais écrivit à son père pour le mettre en garde contre ce mouvement « au sein duquel on avait le regret de trouver son honorable fils ». Le père ne put s'empêcher de rire en lisant ce message, qu'il communiqua sur-le-champ à son rejeton qui se trouvait là. Qu'auraient dit ces messieurs s'ils avaient su que, lorsqu'il était encore gouverneur de Thai Binh, en 1943, le futur grand dignitaire du gouvernement fantoche de 1945 avait offert au Viêt-minh 500 piastres de bons de soutien ?

Ha Ba Cang (Hoang Quôc Viêt) m'avait demandé de trouver à tout prix un poste de radio pour suivre les nouvelles de la guerre, en particulier celles du front soviétique, dont le parti avait le plus grand besoin, tout autant sinon plus que des autres. Je réussis à acheter un Philips hollandais. Chaque soir, nous veillions très tard ; il nous arrivait de nous relayer pour attraper durant toute la nuit des émissions à peine audibles, venues de l'autre bout du monde. On ne pouvait pas forcer le son : se faire repérer par les Japs était aussi dangereux que d'avoir des armes chez soi. À l'époque, tous les récepteurs devaient être enregistrés, pour qu'on leur enlève les ondes courtes. Le commun des mortels ne pouvait écouter que les grandes ondes et leurs infos locales.

On ne saurait dire ce que fut notre joie quand on apprit, le 2 mai, l'entrée de l'Armée rouge dans Berlin. Le plus jeune d'entre nous enfourcha aussitôt sa bécane pour aller porter la nouvelle à son père, Trân Huy Liêu, qui s'occupait du Cuu Quôc, organe du Front. Et quand, le 8 mai, l'Allemagne nazie capitula sans condition, on fit la fête.

Au début d'août 1945, Sao Do (Étoile Rouge), qui avait été un compagnon de bagne de Vu Dinh Huynh, était venu le trouver à Hanoi pour la mise en route d'une réunion décisive, en vue de l'insurrection.

Ce congrès, dont on parle énormément, reste assez mal connu faute de témoignages directs non autocensurés. À ma connaissance, le seul reportage sur cette assemblée décisive est celui de Trân Huy Liêu publié en 1960[9]. Ce récit révèle du même coup un point fondamental, sans fournir de détail statistique : tous les communistes qui vont à ce congrès national le font sous des pseudonymes, pour cacher leurs propres couleurs. Ils sont souvent les représentants de partis démocratiques récemment créés, auxquels ils ont adhéré pour les infiltrer. Évadé depuis peu de la prison de Nghia

9. Trân Huy Liêu, « Voyage à Tân Trao pour le congrès national », in *Nghiên cuu lich su (Études historiques)*, n° 17, 1960-8, p. 35-43. Dans sa relation bien postérieure, Hoang Dao Thuy ne mentionne pas Vu Dinh Huynh, mais donne les noms de deux autres futurs « fantômes » politiques, le sudiste Ung Van Khiêm et le très hanoïen Dao Duy Ky, bien connu pour son franc-parler. Cf. *Xua va nay (Autrefois et aujourd'hui)*, n° 3, février 1994, p. 16-17.

Lo, Liêu s'était rendu sur les lieux en compagnie de Xuân Thuy et de quelques militantes, qui chantaient parfois des poèmes révolutionnaires sans savoir que leur auteur marchait à leurs côtés.

À Dinh Bang, dans la province de Bac Ninh, Liêu se trouva nez à nez avec un camarade qui deviendra ultérieurement célèbre sous le nom de Hoang Minh Chinh. Sans plus réfléchir, il l'appela par son vrai nom : « Nghiêm ! » et comprit aussitôt son erreur. Profitant d'une absence de témoin, ce dernier lui dit : « Appelle-moi Chinh désormais. » C'était sous ce nom qu'il se rendait à la réunion, avec d'autres membres du Parti démocrate. À cette date, les partants ne savaient toujours pas exactement où ils se rendaient. D'agent de liaison en agent de liaison, ils arrivèrent dans un petit village peuplé d'ethnies minoritaires, récemment choisi par Vo Nguyên Giap comme une base arrière militaire, aussitôt rebaptisée Tân Trao.

Si l'on en croit ce qu'affirme Hoang Van Hoan dans ses souvenirs publiés après son exil en Chine, il y avait une soixantaine de personnes au jour de l'ouverture, le 16 août, en présence de Hô Chi Minh, qui parla alors très clairement des négociations qu'il entendait mener avec la France. Hoan ajoute aussitôt ce commentaire révélateur d'un certain style « historique ». « Par la suite, les matériaux traitant de Tân Trao ont évité de mentionner ce fait. J'estime qu'il doit l'être clairement, car c'était là un programme très clairvoyant, élaboré sur la base d'une vision large et profonde de nos antagonistes et de nous-mêmes[10]. »

Veut-on en savoir plus ? Le seul et unique témoignage est celui de Vu Dinh Huynh. Quand il lui a demandé de préparer dans le plus grand secret tout le matériel indispensable à cette assemblée décisive, Sao Do a mentionné les drapeaux, les banderoles de slogans, mais aussi des apéritifs et des vins français, car il fallait bien faire les choses, vu qu'il y aurait des hôtes étrangers. Huynh fit expédier de Hanoi du champagne, du Dubonnet et d'autres bonnes bouteilles ; et, sur ce, il prit la route.

Ce qui suit est un témoignage précieux qui révèle les désaccords au sein de l'appareil. Qui donc a donné cet imprimatur tardif ?

10. Hoang Van Hoan, *Giot nuoc, trong biên ca (Une goutte d'eau dans la mer)*, 1986, p. 257.

Quand ce texte sortit des presses, son auteur était un pestiféré, politiquement mort depuis près de vingt-cinq ans. Lê Duân et Lê Duc Tho s'étant activés pour écarter Hô du pouvoir à partir de la fin 1963, Huynh a fait partie du groupe de militants qui furent jetés en prison en 1967.

Un paysan du Nghê Tinh à la conquête de Hanoi

C'était comme si on m'avait donné des ailes. Dans ma tête soudain ivre, les mots « insurrection générale » résonnaient comme un refrain lancinant. Je louai un taxi pour Bac Ninh. Dès Hiêp Hoa, à huit kilomètres seulement de Hanoi, sitôt franchi le canal des Rapides, on se trouvait sur notre terre, le sol de l'indépendance et de la liberté. Dans l'immensité de la campagne, j'entendis des gosses chanter ce qui allait devenir notre hymne national, *La Marche des troupes (Tiên quân ca)*, de Van Cao. Dans le lointain, je voyais flotter des drapeaux rouges à étoile d'or. J'en eus les larmes aux yeux. Quand le jeune qui devait me guider s'en rendit compte, je lui dis que de la poussière m'était entrée dans les yeux. Ça gêne, parfois, de dire la vérité. On est fait comme ça.

Hô Chi Minh à Tân Trao

À Tân Trao, je retrouvai Sao Do. Nous étions les premiers arrivés pour organiser les préparatifs. Nous logions chez l'habitant, Ong Cou (« Honorable Vieillard ») dans une petite paillote, à part. Ong Cou était, pour une petite poignée de militants absolument tenus au secret, l'appellation très respectueuse sous laquelle nous désignions Nguyên Ai Quôc ; pour les autres, c'était un personnage plein de mystère, un certain Hô Chi Minh. Je n'avais jamais rencontré Nguyên Ai Quôc. Mais depuis belle lurette, et je n'étais pas le seul dans ce cas, il était devenu pour moi un mythe, le drapeau même de la révolution vietnamienne. En montant à Tân Trao, je nourrissais l'espoir de rencontrer ce personnage mythologique ; à peine étais-je entré chez Sao Do que celui-ci me dit :

- Il y a un instant, Ong Cou m'a posé un tas de questions sur les intellectuels et les personnalités de Hanoi et du Nord. Je lui ai dit que je n'étais pas très au courant et qu'un autre camarade viendrait l'informer. Te voilà arrivé, fonce le voir.

Nous sommes entrés dans la forêt pour atteindre une petite

paillote, où nous avons trouvé Ong Cou plongé dans la lecture d'un petit carnet de poche. Émacié comme un ermite, avec sa minuscule barbichette, mais solide, l'œil vif et agile, il nous accueillit aussi simplement qu'aimablement. D'une voix grave et chaleureuse venue du plus profond, il me posa pour la forme quelques questions sur ma santé et me demanda tout de go de lui dire tout ce que je savais sur les intellectuels du pays.

Partant du mouvement pour la restauration du trône à la fin du XIXe siècle, je parlais du Dông Kinh Nghia Thuc de 1906, les décédés, les survivants, j'exposais ce qu'était le Phuc Viêt[11], les groupes de nouveaux intellectuels du Thanh Nghi, Tu Luc Van Doan, *Ngay nay*... et l'attitude de chacun d'eux vis-à-vis du Viêt-minh et de la révolution. Il m'écoutait attentivement, en m'interrompant de temps à autre pour en savoir un peu plus sur tel ou tel point.

- Dis-moi. M. Huynh Thuc Khang, pourquoi fait-on courir le bruit qu'il collabore avec les Français ?

- Il n'en est rien, répondis-je. À son retour du bagne de Poulo-Condor, il a lancé le journal *Tiêng dân (La Voix du peuple).* Ne sachant trop comment s'y prendre avec lui, les Tâys[12] ont envisagé de l'acheter et l'ont donc propulsé à la tête de l'Assemblée des délégués du peuple dans le Centre. À l'époque, je suis allé à Huê pour avoir une entrevue avec lui. J'ai constaté qu'il avait toujours l'attitude d'un lettré patriote, ami du peuple. Rien d'un opportuniste. Les Tâys qui voulaient tirer parti de son prestige se faisaient bien des illusions. Ils peuvent toujours attendre.

L'Oncle hocha la tête d'un air satisfait. Il se montra satisfait des informations que je lui communiquais. Bien que ce fût notre premier contact, il se montrait aussi amical que chaleureux et direct. Je l'appelais « Cou[13] » en m'adressant à lui, bien qu'il n'eût alors que cinquante-cinq ans comme il nous l'avait fait savoir. De

11. Restauration du Viêt-nam, ou Parti annamite de l'indépendance, créé en 1926 à Paris par Nguyên Thê Truyên, ami de Nguyên Ai Quôc, dont il se sépara par opposition au communisme. Voir sa biographie en vietnamien par Dang Huu Thu, Melun, 1993. On retrouvera Nguyên Thê Truyên en 1954. L'organisation signalée par Huynh semble différente. Née au Tonkin vers la même date, elle dut se maintenir jusqu'en 1945.

12. Les Occidentaux, terme désignant un peu péjorativement les Français.

13. Terme très respectueux désignant le grand-père. La langue vietnamienne, de tonalité très familiale, joue tout autant sur les ondes du respect et de la sympathie que sur celles du mépris. Voir Phan Thi Dac, *Situation de la personne au Viêt-nam*, éditions du CNRS, 1966.

mon côté, je me désignais en employant le mot « moi », « je[14] ». Et il en fut de même pendant toutes les années où j'ai travaillé à ses côtés bien que, par la suite, je me sois conformé à l'usage courant en l'appelant « Oncle » *(Bac)*, frère aîné du père, chargé du culte des ancêtres. Comme tout le monde le faisait.

La réunion suivait son cours quand on apprit soudain que, dans Hanoi insurgée, les nôtres avaient pris le pouvoir. Trân Huy Liêu fut chargé de rédiger dare-dare l'appel à l'insurrection générale, aussitôt suivi du départ de l'armée de Libération, avec à sa tête Giap, coiffé d'un feutre comme on le voit sur la photo prise par Hoang Van Duc, le seul d'entre nous qui eût un appareil.

Depuis juillet, les Américains avaient lâché sur Tân Trao des parachutistes, sous les ordres du lieutenant-colonel Thomas. Le premier contact avec les forces révolutionnaires vietnamiennes avait rempli d'enthousiasme ces militaires. Pour ma part, j'eus avec Thomas plusieurs entretiens aussi directs que gais. J'eus l'impression qu'à ce moment-là les Américains se moquaient de savoir si nous étions communistes ou pas. La seule chose importante à leurs yeux était que nous combattions les Japonais. Ce jeune colonel et ses hommes furent estomaqués quand nos guérilleros leur apportèrent un paquet de dollars qui s'était égaré lors du parachutage. Ils en étaient littéralement sidérés. D'autant plus qu'ils savaient que cette restitution ne venait pas de sauvages primitifs ignorant le prix des choses, mais de maquisards connaissant les langues étrangères et donc parfaitement conscients de la valeur de ce qui leur était tombé du ciel.

Hô Chi Minh découvre Hanoi

À l'issue du congrès, après l'heure des adieux, Truong Chinh (Dang Xuân Khu), Vo Nguyên Giap et moi revînmes sur la capitale, via Thai Nguyên. Pham Van Dông fut affecté sur place pour renforcer la base. À cette heure-là, n'étant pas encore sûrs d'une victoire totale, nous jugions indispensable de garder un point d'appui dans le maquis, pour l'avenir. Quand Dông voulut me retenir auprès de lui, je refusai. « Je connais Hanoi comme ma poche, lui dis-je. Je serai plus utile là-bas. » Je brûlais d'envie de

14. Et non un terme de parenté inférieure plus déférent comme *chau*, fils, petit-fils, neveu. NdT.

rentrer dans cette ville, qui m'était si chère et où je pressentais d'âpres combats.

Au pont des Rapides, je proposai que nous descendions tous les trois, pour aller chez un instituteur sympathisant de la révolution qui participait à l'association de diffusion du *quôc ngu*. J'empruntai à ce dernier un vélo, pour foncer à Hanoi, laissant Truong Chinh et Giap sur place. Je tenais à partir en éclaireur, pour bien me rendre compte de la situation *de visu* et *de auditu*, et ensuite venir les accueillir. Car qui sait ?... Comment pouvais-je prévoir que j'allais trouver Gia Lâm noyé dans une mer de drapeaux rouges à étoile d'or ? Sitôt franchi le pont Paul-Doumer, je fonçai rue du Marché-au-Riz chez Nghiêm Tu Trinh. J'eus à peine le temps de lui dire : « Où en est-on ? Peut-on déjà faire entrer Truong Chinh et Giap ? » qu'il me rétorqua en faisant des yeux ronds : « On a déjà pris le pouvoir ! Au palais du gouverneur, tu les trouveras tous. » J'enfourchai à nouveau ma bécane et fonçai tout droit. Et me voilà au palais. Le drapeau qui flottait sur la pierre noire au sommet de la façade était le nôtre, tout comme les sentinelles plantées devant la porte. [...]

J'allai chercher Truong Chinh, qui répartit les tâches. Il se chargea de superviser l'ensemble, en attendant l'arrivée de Ong Cou. Giap et moi étions chargés de contacter les intellectuels et les personnalités, pour former le gouvernement dès l'arrivée de ce dernier. En premier, nous sommes allés chez Dang Thai Mai, qui venait juste de revenir à Hanoi dans la voiture de Trân Minh Viêt venu le chercher à Thanh Hoa. Au même moment, Lê Trong Nghia contactait Trân Duy Hung pour l'inviter à collaborer avec nous. Celui qui allait devenir le maire de la capitale pendant des années et des années se borna à poser une seule question : « Dans tout ça, qui se trouve au sommet ? » Dès qu'il le sut, il fut d'accord. Dang Thai Mai, arrivé sur ces entrefaites, nous apprit que Hoang Minh Giam, Nguyên Xiên et leurs compagnons avaient adressé un télégramme au dernier descendant de la dynastie des Nguyên pour lui demander d'abdiquer. Sur ce, je conduisis Giap chez Nguyên Xiên. Ils s'étaient rencontrés à l'époque où ils enseignaient au lycée Thang Long ; mais Giap ne connaissait pas son domicile.

Après quoi nous allâmes chez Ho Huu Tuong. Puis chez Ta Quang Buu, Nguyên Manh Tuong, Hoang Xuân Han... Partout on se réjouissait de cette victoire, cette prise du pouvoir sans effusion de sang. Chacun voulait apporter sa contribution à l'œuvre générale. Nous avions vraiment de merveilleux intellectuels, dont on pouvait être fiers.

Sao Do (Nguyên Luong Bang) proposa de me dégager de tout autre travail, pour m'affecter auprès de Hô comme assistant. Pendant mon activité clandestine, j'avais beaucoup parcouru le pays, je connaissais bien les provinces, j'entretenais des relations avec quantité de gens de tous les milieux, et l'Oncle, qui arrivait de l'étranger, avait besoin de quelqu'un dans mon genre à ses côtés pour se documenter. La proposition de Sao Do fut adoptée.

Un ancien ouvrier imprimeur monta chercher l'Oncle, qui descendit d'abord dans un village de l'autre rive du fleuve, où Truong Chinh vint aussitôt lui présenter son rapport. Le 24 août, en ma qualité de secrétaire personnel, je le conduisis au domicile d'un gros bourgeois de la capitale, Trinh Van Bô, qui nourrissait des sympathies pour la révolution. Sa femme et lui avaient soutenu nos militants bien avant notre prise de pouvoir. Bien que mon épouse fût parente de la sienne, je ne m'étais jamais préoccupé de savoir quels motifs les avaient rendus si proches de nous. À nos yeux, c'était tout naturel. Depuis le début du mois d'août, leur cas n'avait plus rien d'exceptionnel. Tous les Vietnamiens se sentaient patriotes, désireux de faire ou d'offrir quelque chose. Qui donnait le plus ? Difficile à dire. Des gens qui n'avaient pour toute fortune qu'une alliance de mariage en firent don lors de la Semaine de l'or, qui vit les époux Bô offrir 117 taels. J'avais choisi leur maison car j'avais confiance en eux. Personne ne fit la moindre remarque à ce sujet. Ils accueillaient chez eux nos militants sans aucun problème et il n'est pas excessif de dire que leur domicile était littéralement devenu notre caravansérail.

La voiture qui vint prendre Hô dans un village passa le pont Paul-Doumer, puis prit tout droit par la rue des Patates pour arriver rue des Cantonnais par le grand marché de Dông Xuân. On venait d'allumer les lampes des rues, où les gamins jouaient bruyamment. On vit un groupe de gens défiler en criant des slogans sous une banderole. À un coin de rue, d'autres faisaient cercle autour d'un militant qui exposait le programme en dix points du Viêt-minh... Toute la capitale baignait dans une atmosphère de fête.

Avant de monter dans la voiture, Hô m'avait demandé :

- Où m'emmènes-tu ?

- Les camarades ont prévu le meilleur point de chute qui soit, lui répondis-je sur un ton de profond respect, connaissant sa prudence naturelle.

Quand on fut sur le pont, il se pencha par la portière pour regarder les flots menaçants du fleuve, d'un œil aussi attentif que surpris. Je me demandais : est-ce que ce serait la première fois qu'il les voit ? Il était bien possible qu'il n'ait jamais mis les pieds sur le sol de Thang Long, qu'il n'ait jamais vu ce fleuve d'où le roi Ly avait découvert la beauté du site avant d'y débarquer... ni tant d'autres lieux inscrits sur tant de pages de nos annales. La question me courait par la tête sans que j'ose la poser. Nous allions atteindre l'autre rive quand il se borna à dire : « Quelle crue ! » Ce n'est qu'au moment de passer devant le marché qu'il finit par lâcher :

- Je n'ai encore jamais mis les pieds à Hanoi.

Je lui répondis « oui » d'un ton très déférent, mais avec une idée qui me pinçait le cœur : dire qu'il a connu Paris, Berlin, Moscou, mais n'a encore jamais vu Hanoi !

Il entrait dans la capitale avec le costume de toile campagnard bleu indigo porté par les paysans de la haute région pour aller à leur brûlis ou au marché.

Le lendemain matin, il me demanda de lui faire encore une analyse plus détaillée sur tous les intellectuels et les personnalités. Je fus surpris de l'extrême attention qu'il portait au problème religieux, en particulier aux catholiques. Il notait mes propos sur son carnet, en utilisant des idéogrammes chinois, quelques caractères lui tenant lieu de sténo. À partir de ces quelques sigles plus que sommaires, il allait élaborer son plan pour constituer le gouvernement de la république démocratique du Viêt-nam.

Chaque matin, il se rendait au palais présidentiel pour travailler. Après quelques jours passés au 48 de la rue des Cantonnais, il déménagea pour le domicile de l'ancien président du tribunal, 8 rue Bonchamps, ne revenant à la rue des Cantonnais que pour manger. Tous les matins, Mme Trinh Van Bô commandait à un grand restaurateur chinois de la rue des Voiles deux repas, qui étaient livrés à l'heure convenue. Il fallait, sans plus tarder, songer à faire confectionner un costume pour Hô, qui n'avait en tout et pour tout que deux tenues, l'une indigo l'autre brune, et des sandales de toile. Je voulais lui acheter une paire de souliers en cuir, rue des Voiles, mais il refusa en hochant la tête :

- Je n'ai pas l'habitude, laisse-moi porter des sandales de toile.

Quand je lui parlai d'une cravate, il m'opposa un non catégorique, en secouant la main :

- Je n'ai jamais noué ça autour de mon cou.

- Mais quand vous étiez en France ? objectai-je.

- En Europe non plus.

Ça n'allait pas mieux pour la deuxième pièce de la tenue. Face à mon insondable perplexité[15], Hô vint à mon secours en me livrant le fond de sa pensée :

- Fais-moi coudre n'importe quoi, mais quelque chose de très simple, sans plus. Pas de lainage, ni de cuir. Simple et commode. Pratique. Et surtout pas cher, ni élégant.

Je finis par prendre modèle sur la tenue portée par Staline sur les photos ; Mme Trinh Van Bô se chargea du tissu. Ce sera là le costume de Hô, le 2 septembre, lorsqu'il proclamera l'indépendance, du haut d'une tribune fabriquée en quarante-huit heures par le responsable du mouvement de diffusion du *quôc ngu*, Nguyên Huu Dang[16].

Pendant toutes ces journées bouillonnantes de travail avec Hô (que nous commencions à appeler « Bac » pour créer un climat plus chaleureux), je passais mon temps à rencontrer des personnalités, le plus souvent âgées, comme Nguyên Van Tô, Pham Ba Truc, Bui Bang Doan, ancien ministre à la cour de Huê[17]. Je n'oublierai jamais ma rencontre avec Nguyên Van Tô, de l'École française d'Extrême-Orient, à qui je venais proposer une place dans le gouvernement. Après m'avoir invité à prendre le thé, il m'exprima son refus : « Je ne suis pas un révolutionnaire. J'ai certaines connaissances en histoire, mais je n'entends rien à la politique. Mieux vaut ne pas penser à moi ! » Modeste par tempérament, il s'exprimait très franchement. « Comment puis-je refuser ? » dit-il quand je lui appris que Hô était bel et bien Nguyên Ai Quôc. Je vous apporterai donc le peu que je sais. » En 1947, lors du parachutage français sur Bac Can, où se trouvait notre

15. Ces réflexions devaient laisser pantois Vu Dinh Huynh, dont l'impeccable tenue, costume trois-pièces et cravate, faisait la célébrité. Ce qui ne sera pas sans lui nuire par la suite, face à certains qui jouaient les paysans.

16. Membre du PCI, Nguyên Huu Dang avait convaincu le grand orientaliste Nguyên Van Tô de patronner ce mouvement. On le retrouvera à la tête du journal dissident *Nhân Van*, fin 1956.

17. Bui Bang Doan, ancien ministre des cultes de Bao Dai, deviendra président de l'Assemblée nationale. Il est le père du colonel dissident Bui Tin.

gouvernement, il fut abattu comme un simple soldat. La présidence organisa ses funérailles avec la participation de l'oncle Hô.

*

Les informations révélées par Vu Dinh Huynh dans le texte suivant confirment les propos tenus par M. Trân Van Chuong, ancien ministre du gouvernement Trân Trong Kim[18]. Lors d'une interview à son domicile à Washington en 1978, celui-ci déclarait : « J'ai vu Giap en novembre 1945, après mon arrestation par les services de la Sûreté. J'ai alors passé quatre jours en prison dans ses locaux de l'avenue Gambetta. J'ai dit à Giap : "La révolution exige vingt ans pour se stabiliser. Notre premier problème est de nous défendre contre la France. Pourquoi avez-vous remplacé l'administration par des comités, alors que nous avons besoin du maximum d'union ?" Il ne m'a pas répondu. C'était presque par générosité qu'il ne m'a pas répondu. Il m'a fait libérer immédiatement. Après quoi, il m'a reçu à la résidence supérieure[19]. »

L'Oncle visite la prison centrale

Un beau matin, l'Oncle me dit :

- Je veux aller à Hoa Lo (la prison centrale). Accompagne-moi.

Je téléphonai à Lê Gian, un de nos militants que les autorités coloniales avaient déporté à Madagascar, où les alliés l'avaient libéré, puis dépêché au Viêt-nam, après lui avoir fait suivre un stage de formation. Parachuté sur Ha Dông avec une radio et des fonds, il s'était débrouillé pour reprendre contact avec notre parti et avait rejoint le maquis. Après notre entrée dans Hanoi, Hô l'avait nommé directeur de la Sûreté, vu qu'il avait reçu une formation dans le domaine du renseignement.

- Qu'est-ce que l'Oncle veut voir à Hoa Lo ? me demanda Lê Gian.

- Je ne puis le dire. Il ne m'en a rien dit lui-même.

Lê Gian et le directeur de la police de Hanoi, Chu Dinh Xuong, nous attendaient à l'entrée de la maison centrale pour accueillir Hô,

18. Père de la célèbre Mme Nhu, belle-sœur du président Ngô Dinh Diêm.
19. Entretien avec Georges Boudarel, octobre 1978.

qui demanda à voir les cellules des prisonniers politiques. À chaque porte, Chu Dinh Xuong ouvrait le guichet pour permettre à Hô de jeter un coup d'œil. Hô posa des questions sur le régime alimentaire et les conditions d'hygiène, et sembla satisfait des réponses.

En cours de route, j'avais exposé à Hô ce que je savais sur certains détenus. Jadis, j'avais tenté de dissuader l'un d'entre eux de collaborer avec les Japonais. Après cette décision, nous nous étions croisés quelquefois, sans jamais reprendre cet entretien. Mais il ne m'avait jamais dénoncé aux Japs. Puis, quand Hô me posa des questions sur le petit Dr Chuong, guère plus haut que trois pommes, je lui dis que celui-ci se fichait de la politique comme de l'an quarante. S'il collait aux projaponais, c'était dans l'espoir de faire des sous. Quelques jours après cette visite, Hô donna l'ordre de libérer et mon ami et le petit docteur. En ce qui concerne un troisième détenu que je connaissais, Cung Dinh Vân, il se borna à dire :

- Quand quelqu'un a commis un délit quelque part, il faut le ramener sur les lieux pour le faire juger par la population.

Hô avait employé le mot « quelqu'un ». Cette façon de parler était vraiment vietnamienne, humaine, correcte. Je ne l'ai jamais entendu désigner un tiers en l'appelant « ce sale type » ou « ce salaud », même s'il s'agissait d'un ennemi. Il est regrettable que ces dénominations méprisantes aient glissé dans l'usage courant, au point de devenir la norme dans notre presse et dans nos lettres.

L'un de ces anciens détenus poursuivit ses erreurs dans la zone occupée par les Français, où il accepta le poste de gouverneur dans le cadre du gouvernement Bao Dai. Il ne se réveilla qu'à l'époque de Ngô Dinh Diêm[20], quand il refusa alors de participer au pouvoir. Et puisque je prononce le nom de ce dernier, pourquoi ne pas dire qu'il aurait connu un tout autre destin s'il n'avait pas rencontré l'oncle Hô sur sa route ? Car c'est Hô lui-même, et personne d'autre, qui prit la décision de faire libérer Ngô Dinh Diêm, alors emprisonné à Hanoi.

Ngô Dinh Diêm libéré

Dans l'entourage de Hô, il n'y eut pas grand monde pour approuver cette décision. On en parlait entre nous, mais nul n'osa

20. Futur président de la république du Sud-Viêt-nam.

dire ouvertement son désaccord, moins par peur que par confiance en Hô. Nous avions déjà connu d'autres décisions de lui qui se révélaient perspicaces après un certain temps, alors qu'elles avaient semblé incompréhensibles au départ. Seul Bui Lâm eut le front de foncer jusqu'à son bureau pour lui dire à haute voix :

- Pourquoi libères-tu un type aussi dangereux ? Si c'était lui qui t'avait sous la main, il ne te lâcherait pas comme tu le fais.

Ayant connu l'Oncle à l'époque où ils étaient tous deux à Paris, Bui Lâm était le seul d'entre nous qui lui disait « tu » ou parfois « camarade » quand il s'adressait à lui. Avec son crâne en boule de billard, Bui Lâm était comme ça. Franco de port, il lançait ouvertement ce qu'il jugeait bon de dire, sans s'embarrasser d'autres considérations. Ce style direct hérissait bien des gens, exception faite de Hô, qui appréciait énormément Bui Lâm.

- Si les impérialistes n'avaient pas ce Ngô Dinh Diêm sous la main, ils s'en fabriqueraient un autre, répondit Hô sans se démonter. Si nous voulons réaliser l'union nationale, à quoi bon multiplier les arrestations ?

- Mais lui, c'est un cas exceptionnellement dangereux. Il déteste les communistes à un point qui ne peut se dire.

- J'espère que tu sais quel genre d'homme était son père. C'est devenu un proverbe dans le Centre : « Pour déporter le roi, écarte Kha, pour ouvrir sa tombe, écarte Bai. » Quand les Français expédièrent en exil le roi Duy Tân, ils se heurtèrent au père de Diêm, Ngô Dinh Kha, qui refusa de se laisser impliquer dans cette ignoble affaire. Le souvenir d'un tel père nous empêche de porter la main sur le fils.

Une fois libéré, Ngô Dinh Diêm alla se réfugier à l'évêché. La suite est bien connue. À l'époque, j'étais aussi de ceux qui n'approuvaient pas la libération de Diêm. Mais quand, devenu président de la république du Viêt-nam, il se déchaîna contre les communistes et fit massacrer tant de patriotes, je n'osai penser que c'était nous qui avions raison et l'Oncle qui avait tort. Sa clémence et son humanité avaient quelque chose de bien plus grand que les critères courants du vrai et du faux.

Pourtant, les informations fournies par Vu Dinh Huynh désarçonnent l'observateur, tant son portrait diverge de celui que peignent localement certains de ses thuriféraires. Bien que ce récit soulève nombre de questions inédites, il en est une qui reste passée sous silence : le sort des trotskistes[21]. L'ouverture des archives de Hanoi permettrait de répondre aujourd'hui avec le sérieux qu'exige l'histoire.

Un grand acteur sur la scène de l'histoire

Les révélations du Vu Dinh Huynh sur les préoccupations de Hô pendant l'été 1945 posent des questions historiques et politiques qui restent de la plus profonde actualité. Il s'en dégage ce fait, qui n'a pas été suffisamment mis en relief : celui qui allait fonder la république démocratique entendait réaliser par des méthodes plus politiques que militaires une résurrection nationale. Quitte, s'il le fallait, à mettre en danger la révolution sociale.

Si Cu Huy Cân et Trân Huy Liêu sont allés récupérer l'acte d'abdication de Bao Dai à Huê le 30 août 1945, ce dernier, redevenu Vinh Thuy, est, avec l'évêque de Phat Diêm, Mgr Lê Huu Tu, un des hauts conseillers du gouvernement. Lors de la proclamation de l'indépendance, le 2 septembre, les séminaristes et les prêtres en soutane forment un imposant carré noir bien en évidence au premier plan.

Le personnage que se compose le chef de l'État dès cette date est bien plus proche de Gandhi que de Lénine ou Staline, même si son costume est imité de l'uniforme de ce dernier ; et qui dit Gandhi dit non-violence. Un jour où il allait rencontrer un chef de division chinois, le président constata qu'un des membres de sa suite portait, tout comme lui, des sandales. Il lui dit d'aller mettre des souliers, en ajoutant ce commentaire : « Quand nous allons les rencontrer, laissez-moi m'habiller comme je l'entends.

21. Voir Ngô Van, *Le Viêt-nam de 1920 à 1945. Révolution et contre-révolution sous la domination coloniale*, éd. L'Insomniaque, 1995 ; et Nguyên Van Thiêt, « J'ai vu mourir Ta Thu Thâu » [juillet 1949], *Inprecor*, décembre 1995, p. 30-32.

Mais vous, mes amis, il vous faut une tenue correcte[22]. » Seul Gandhi a le droit d'aller pieds nus, pour être crédible...

Le matin du 21 octobre, changement de décor. En présence de son haut conseiller le prince Vinh Thuy et de nombreux officiers supérieurs chinois, Hô se fait le maître d'œuvre d'une cérémonie solennelle en l'honneur de Confucius, de style absolument traditionnel, dans le décor le plus adéquat qui soit dans la capitale : le temple de la Littérature, bâti en 1070 sur un modèle emprunté à l'Empire du Milieu. Un rite bouddhiste initial a été éliminé, de même que les vieilles tenues d'apparat avec leurs couvre-chefs en aile de libellule ; les prosternations au sol ont été remplacées par des inclinations du buste, et les noms des deux derniers empereurs par celui de la république démocratique. Dans la fumée odoriférante des baguettes d'encens, Hô joue le vieux lettré devenu dignitaire religieux d'un culte laïc, se réclamant des anciennes dynasties pour bien effacer l'image du fameux communiste Nguyên Ai Quôc[23].

Le président mise à fond sur deux cartes : la nation et la démocratie. Si la première se doit d'être asiatique et confucéenne, la seconde entend s'inspirer du modèle américain, dont se réclame ouvertement la déclaration d'indépendance. Sous l'égide du prince Vinh Thuy et du général Gallagher, se crée le 17 octobre 1945 une association américano-vietnamienne qui va publier un périodique dont le premier numéro sort en décembre. Entre-temps, le 2 novembre, le président de la république démocratique du Viêtnam a écrit à Truman pour tenter d'obtenir son soutien.

L'élargissement de l'éventail politique qui se discute très âprement en coulisse aboutit le 1er janvier 1946 à un gouvernement de coalition. À tous les niveaux, ce ne fut certainement pas facile. Le général Giap note : « Certains de nos camarades ne furent pas d'accord avec cette solution. » L'objection portait notamment sur l'attribution d'un poste important à Nguyên Hai Thân. Ils le firent

22. Vo Nguyên Giap, *Des journées inoubliables*, *op. cit.*, p. 99.
23. Cuu Quôc, « 22 octobre 1945 », *Xua nay*, juillet 1995, p. 7.

vainement savoir à Hô Chi Minh[24]. Les négociations avec la France, qui se poursuivaient depuis le mois d'août, aboutirent au retour de son armée sous les ordres du général Leclerc, le 6 mars 1946. Si l'on en croit Bao Dai, à la veille de cet événement, Hô lui dit, le matin, qu'il lui remettait la direction du gouvernement puis lui annonça, le soir, qu'il n'en ferait rien, lui-même restant chef de l'État. Que dit-on en coulisse durant cet invervalle[25] ? Il serait passionnant de savoir ce qui pouvait se discuter au sein d'une formation qui n'existait plus formellement.

Le jeu politique de Hô durant tous ces mois, aussi subtil que complexe, avance sur trois terrains minés. Si les arcanes des deux premiers, relations internationales et politique intérieure, ont été bien prospectés, le troisième, la vie interne du communisme, baigne encore dans le brouillard.

Dans ce champ où tant de ses pairs se sont suicidés, le président prend une décision absolument hérétique : en novembre 1945, il dissout son parti, très certainement de sa propre initiative, car son geste fut alors mal perçu et par Moscou et par le Parti communiste français[26]. Néanmoins, de la base au sommet, tout l'appareil était maintenu en activité dans les coulisses. Un record dans le genre : la clandestinité d'une organisation au sein même du régime qu'elle contrôle, dans l'affirmation mensongère de son inexistence. Était-ce là pure comédie ? Sans aucun doute, dans la mesure même où tout politicien se doit d'être et acteur et metteur en scène. Mais sur quel scénario et quel texte ? Y avait-il d'emblée unanimité à la direction de ce Parti communiste apparemment suicidaire ? Les rares confidences écrites de Giap portent à penser que non.

Mais alors pourquoi la teneur exacte de ces débats reste-t-elle inconnue ? La question mérite d'être posée, car la réponse (ou

---

24. Vo Nguyên Giap, *op. cit.*, p. 113.
25. Sans qu'il le date, le fait est confirmé par Joe Nordman dans *Aux vents de l'histoire*, Actes Sud, 1996, p. 269-270.
26. Voir G. Boudarel, in W. Turley, *Vietnam Communism in Comparative Perspective*, Westview Pr. Boulder, 1980, p. 141-142 ; et *Autobiographie*, Paris, Jacques Bertoin, 1991, p. 89-91.

l'absence de réponse) apporte la meilleure clé qui soit pour comprendre le système voulu par Hô. L'existence de divergences mais aussi le silence sur leur nature et leurs auteurs apparaissent dès cette date comme une caractéristique de cette organisation. À la fois sa force et sa faiblesse, comme on le verra.

1946 : l'exemple de la Sûreté coloniale

Georges Boudarel

Loin de caractériser le courant communiste, la violence s'affirme aussi bien chez les nationalistes admirateurs de Tchang Kaï-chek que dans la Kampetai japonaise. La racine du mal réside sans ambiguïté dans la nature même du fait colonial. En l'absence d'action politique légale, cette brutalité pousse les partisans de l'indépendance à se structurer en organisations secrètes qui se sont forgé des services d'espionnage et de véritables comités d'assassinat.

Quand Hô Chi Minh part pour la France, le 27 mai 1946, le Viêt Nam Quôc Dân Dang monte à Hanoi une affreuse affaire qui va se retourner contre lui et peser très lourd. Elle fait voler en éclats l'union nationale, chaque parti en rejetant sur l'autre la responsabilité.

Si l'on en croit le nationaliste Hoang Van Dao, ce fut « à dater de ce jour que Giap s'en prit ouvertement au Viêt Nam Quôc Dân Dang (VNQDD), non sans avoir, au préalable, rencontré le colonel Crépin, intérim du haut-commissaire de France. Celui-ci se serait laissé convaincre que ces ultranationalistes sabotaient délibérément la coopération franco-vietnamienne. Il accepta donc de fournir des spécialistes de l'artillerie lourde et s'engagea à apporter à Giap son aide chaque fois que ce dernier en aurait besoin[1] ».

On répandit alors le bruit que le VNQDD allait manifester le 14 juillet, à l'occasion de la revue, et que les membres du gouvernement y seraient assassinés. Le 12 juillet, des agents de la Sûreté du Viêt-minh se seraient introduits en force dans le local de ce

1. Hoang Van Dao, *Viêt Nam Quôc Dân Dang, 1927-1954*, Saigon, 1965, p. 278-279.

parti, au 7 rue Bonifacy (Ôn Nhu Hâu), pour l'occuper, en revêtant l'uniforme du VNQDD. Cette mise en scène terminée, la police viêt-minh pénétra ouvertement dans ce local, où elle récupéra des documents et y déterra des cadavres. Hoang Van Dao reconnaît que le VNQDD aurait été parfois dans l'obligation de kidnapper un individu pour le tuer, mais jamais il n'aurait procédé à l'exécution de cinq à sept individus qu'il aurait ensuite enterrés à l'intérieur même du siège du parti. « Autant, commente-t-il, leur attacher une grosse pierre autour du cou et les balancer dans le lac Halais, à deux pas de là[2]. »

Les corps furent exposés au public par le Viêt-minh et, le 3 juillet, Giap donna l'ordre de liquider tous les locaux du VNQDD, d'un bout à l'autre du pays. Le gros des forces de cette organisation, qui s'était créé une base armée à Vinh Yên, se replia vers le Yunnan, en remontant la vallée du fleuve Rouge. Cette retraite a été racontée par le frère de Nguyên Tuong Tam, Nguyên Tuong Bach, aujourd'hui réfugié en Chine du Sud[3]. Le récit nous est parvenu grâce à un réfugié venu du Canada, avec l'accord de Pékin.

D'après un des documents du Viêt-minh saisis par les Français après le 19 décembre 1946 et reproduit par Henri Azeau dans son ouvrage *Hô Chi Minh, dernière chance*, « le VNQDD prévoyait une série d'assassinats de Français du 10 au 17 juillet 1946, c'est-à-dire pendant la conférence de Fontainebleau. Le but premier de ces meurtres visait à détruire les directives stupides » du gouvernement Hô Chi Minh en matière de relations diplomatiques, autrement dit son orientation profrançaise. Ce document a été trouvé six mois plus tard, au cours de la fouille de la maison du maire (viêt-minh) de Hanoi, après le 19 décembre 1946. Mais, si les Français n'ont découvert ce document que le 24 décembre, Giap, lui, était au courant bien plus tôt. C'est en pleine connaissance qu'il a frappé le VNQDD en juillet 1946[4].

Ce plan annonçait la création d'un « service spécial » usant de

2. Hoang Van Dao, *op. cit.*, p. 280.
3. Nguyên Tuong Bach, *Viêt Nam, nhung ngay lich su (Viêt-nam, les jours historiques)*, Montréal, 1981, p. 160.
4. H. Azeau, *Hô Chi Minh, dernière chance*, Paris, Flammarion, 1968, p. 88-91 et annexes, p. 281-285.

l'assassinat et du rapt, visant « les militaires français qui se trouvaient à l'extérieur de la citadelle », de préférence les officiers supérieurs. En attendant de pouvoir atteindre les gradés de haut niveau, il était préconisé d'« assassiner tous les militaires sans distinction. Kidnapper les femmes et les enfants français à l'intérieur de la ville de Hanoi ». Cette initiative va peser très lourd sur la suite des événements, en portant un coup mortel à la ligne de Hô Chi Minh telle qu'elle ressort du récit de Vu Dinh Huynh. Certes, dès le 19 juillet, un groupe VNQDD, dirigé par Nguyên Van Xuân, rejoignit de nouveau le Viêt-minh, mais il ne ralliait qu'un petit nombre des anciens adhérents[5].

Cette trahison soudaine renforça, chez les communistes, les tenants d'une ligne dure, partisans de méthodes similaires. Dans sa brochure sur la révolution d'août, datée du 29 septembre, Truong Chinh mettait surtout l'accent sur le « manque de fermeté dans la répression des éléments contre-révolutionnaires » :

> Une fois en place, le pouvoir révolutionnaire n'a pas résolument éliminé les traîtres de tout acabit, pris les mesures énergiques qui s'imposaient contre les colonialistes français et leurs valets. Sauf dans quelques régions, dans le Quang Ngai par exemple, où les insurgés ont appliqué la politique « balayer la réaction », mais d'une façon outrancière, presque partout ailleurs nous nous sommes montrés conciliants jusqu'à la faiblesse, oubliant que « tout pouvoir qui s'impose est un pouvoir dictatorial[6] ».

En déclenchant ces tueries mutuelles entre forces révolutionnaires, les nationalistes se sont inconsciemment suicidés. Ils ont poussé à organiser des liquidations, les marxistes, qui n'en étaient pas tous partisans, et le léninisme leur offrant un excellent outil pour mener de pair la propagande et les opérations secrètes.

Bien que, faute d'archives, on ne puisse préciser tous les détails, il n'en reste pas moins que la source de cette violence vient de l'héritage colonial. Quelle que fût leur couleur politique, tous ces

---

5. Ph. Devillers, *Histoire du Viêt-nam de 1940 à 1952*, Le Seuil, p. 278-280.
6. Truong Chinh, *La Révolution d'août*, Hanoi, 1958, p. 9 et 39. Le ministre des Finances de Hô, Lê Van Hiên, faillit alors être exécuté dans le Quang Ngai. Il le dit dans ses mémoires, en cours de publication.

partis révolutionnaires étaient hantés par le souvenir de la Mat Tham, la Sûreté coloniale. « L'Indochine est loin, ça permet de mal entendre les cris qu'on y pousse », écrivait en 1935 André Malraux dans sa préface au reportage d'Andrée Viollis *Indochine SOS*[7], qui donne une description saisissante de ce qu'elle y avait vu et appris : hommes et femmes détenus, hagards, effrayés, garçons de dix-huit ans « tremblants et prêts à se mettre à table », trafiquants d'armes prêts à vendre les révolutionnaires, détenus sélectionnés qu'on espérait pouvoir faire parler, autrement dit auxquels on appliquait une méthode qui devint célèbre par la suite sous le nom de « lavage de cerveau ». Elle dénonçait l'atroce brutalité des interrogatoires, en particulier la torture dite *lon me ga* (« retourner le gésier »), contre laquelle devait également s'élever Justin Godart en 1937[8]. Son reportage s'attarde peu sur Hanoi. Pour elle, la capitale se condense dans le siège central de la Sûreté politique, dont on a bien voulu lui faire visiter les services :

> Ils sont évidemment considérables et parfaitement organisés. 20 000 dossiers politiques et 50 000 fiches y sont classés en un ordre parfait, dans une vaste bibliothèque où travaillent des employés aussi nombreux que zélés. D'autres sont chargés du déchiffrage des télégrammes en langage convenu, venus de Chine et d'ailleurs, de la surveillance des lettres, ouvertes, photographiées et proprement recollées. Et des essaims de mouchards entrent, sortent, tourbillonnent, accomplissant leur pestilentielle besogne.
>
> Dans un bâtiment annexe, qui sert de prison, se trouvent les « moutons », ceux qui « parlent » spontanément ou ceux qu'on veut amener à parler, c'est-à-dire à trahir leurs camarades. On choisit parmi les meneurs ceux que l'on suppose capables de faiblir. Il n'est plus question de fers aux pieds ni de tortures. Ils sont enfermés dans des pièces éclairées, aérées, reçoivent la nourriture qu'ils désirent, sont choyés, flattés.

7. Andrée Viollis, *Indochine SOS*, Paris, Gallimard « NRF », préface d'André Malraux, 1935, p. IX, 21. « Quel est le seul pays où le mandarinat existe encore ? Ni la Chine, ni le Japon, l'Annam [...]. Ah ! Quel paradis seraient les colonies si l'Occident devait y faire des hôpitaux pour tous ceux qu'il a tués, des jardins pour tous ceux qu'il a déportés ! » écrit Malraux dans son article « Orient et Occident », in *Le Crapouillot, Expéditions coloniales*, janvier 1936, p. 63.
8. Justin Godart, *Rapport de mission en Indochine* [1937], Paris, 1994, p. 81-82.

Après la visite, le chef qui l'accompagne se lance dans une diatribe contre le régime, qui frappe « aveuglément, injustement [...]. Il y a eu des fautes impardonnables qu'il aurait fallu punir sévèrement, mais sur lesquelles on a jeté le voile. Toute cette camarilla se tient. C'est, du haut en bas, la solidarité dans l'incompétence et l'incurie, sinon dans la gabegie ». Sans parler, poursuit-il, de la politique des mandarins qui « trafiquent, concussionnent, commettent les pires excès » sous la protection de la France. « Et ce fonctionnaire, mieux informé que quiconque, écrit Andrée Viollis, de conclure sur ces mots si exactement prémonitoires jusque dans la chronologie : "Dans quinze ans peut-être, nous autres Français d'Indochine ne serons plus ici et ce sera de notre faute[9] !" » Le système ainsi mis en place vise essentiellement à utiliser dans le cadre policier les Vietnamiens contre les Vietnamiens, en leur arrachant des aveux et surtout des dénonciations provoquant des vengeances. Louis Marty en était le principal organisateur[10]. Pourtant, si la Sûreté enregistra de très précieuses données, elle révéla ses faiblesses dans ses analyses de fond.

Des réformes dans le sens d'une autonomie de la vie civile furent préconisées par diverses associations françaises au sein même du milieu colonial, qu'il s'agisse des francs-maçons, des socialistes ou de la Ligue des droits de l'homme, voire, bien avant 1930, d'un militaire très lucide comme le général Pennequin, qui avait compris que seule la création d'une véritable armée « annamite » de la base au sommet, l'« armée jaune », pouvait sauver la situation, ce qui impliquait à moyen terme la décolonisation, même si ce mot (encore inconnu) n'était pas prononcé.

La seule politique officiellement envisagée reposait sur la force brute. On le constata lors des événements de 1930 que le IIe Bureau avait été incapable de prévoir. Les légionnaires massacreurs d'innocents furent acquittés et leurs frères d'armes décorés, félicités et récompensés financièrement, alors que la justice condamnait

---

9. Andrée Viollis, *Indochine SOS*, *op. cit.*, p. 127-128.
10. Suite aux rapports de Louis Marty, tous les services de police furent réunifiés le 7 février 1917. Cf. Patrice Morlat, *Les Affaires politiques de l'Indochine (1895-1923)*, Paris, L'Harmattan, 1995, p. 245.

aux peines les plus lourdes les insurgés, qui avaient eu le tort d'exprimer par leur révolte les aspirations profondes de la population[11].

En 1937, dans la phase de détente ouverte par le Front populaire, un fonctionnaire du gouvernement général écrivait dans *La Tribune républicaine*, publiée à Hanoi :

> On a perdu du temps et des paroles à vouloir dissimuler aux indigènes la réalité, à savoir que nous sommes venus là par la force et que c'est par la force que nous nous y maintenons [...]. Si je pouvais agir suivant ma pensée, je dirais à nos antifrançais : « Lisez ce que vous voulez, fréquentez qui vous voulez, endoctrinez même qui vous voulez. Si le résultat en est que vous croyez pouvoir vous risquer, certain jour, dans la rue à quelques centaines ou quelques milliers, nous serons postés aux endroits convenables, avec tout le nécessaire. Nous vous dirons : "Au bout de trois, dispersez-vous." Et nous compterons un, deux, trois. Si, à trois, vous êtes encore sur place, alors un certain nombre d'entre vous s'y trouveront bientôt couchés définitivement, et les autres s'empresseront de retourner chez eux et ne reviendront pas de sitôt[12]. »

Cet article n'est pas paru à Pékin dans le *Renmin Ribao* à la veille du massacre de Tian'anmen, mais à Hanoi en 1937. Reprise de ce même thème au lendemain de 1945, aux dires de Lucien Bodard : « Alessandri est ami de Pignon. Il pense comme lui : la seule façon de débusquer les agents des Viêts, de les anéantir, c'est de les livrer en pâture à des hommes comme eux, de la même race[13]. » Même inspiration dans le Sud-Viêt-nam, après 1954 : « Si l'on veut combattre les communistes, il faut procéder exactement comme eux, tel fut le programme extrêmement erroné du ministère de l'Information de l'époque de Trân Chanh Thanh et Trân Thuc Linh, écrit Cao Thê Dung. Le culte du président Ngô sur le modèle de l'oncle Hô ne fit que banaliser et user son image[14]. »

11. Ph. Franchini, *Continental Saigon*, Paris, Métailié, 1976, p. 87 (rééd. 1995). Sur la lucidité de certains officiers français de la conquête, voir « Trân Van Ba, Ba Dinh, Diên Biên Phu, la stratégie du secret », in *Tonkin 1873-1954*, Autrement, 1994, p. 101-121 ; et « L'uniforme sous les tropiques », p. 108-117 dans le même ouvrage.
12. Ph. Franchini, *Continental Saigon, op. cit.*, p. 93.
13. L. Bodard, *L'Humiliation*, Paris, Gallimard, 1973, p. 307.
14. Cao Thê Dung, *Viêt Nam 30 nam mau lua (Trente années de sang et de feu)*, Alpha, États-Unis, 1991, p. 489.

Cette violence, loin d'être propre au courant communiste, était tout aussi banale chez les nationalistes, grands admirateurs de Tchang Kaï-chek ou de Kampetai au Japon. La racine du mal résidait sans ambiguïté dans la nature même du fait colonial, quelles que fussent les médailles qu'il s'accordait. Quand elle cessa de recourir à la force brute, son administration utilisa la peur, grâce à deux techniques inusables : la délation et le fichage des individus. En l'absence de toute possibilité d'action politique ouverte dans un cadre légal, l'atmosphère ainsi créée a amené tous les groupes partisans du retour à l'indépendance à se constituer en organisations secrètes, décidées à recourir à la violence en s'appuyant sur des puissances étrangères, le Japon, la Chine ou l'URSS. Tous ces partis se sont forgé des services d'espionnage et des comités d'assassinat *(ban am sat)*. Dans ce champ resté vierge sur le plan politico-historique, il faut, une fois de plus, chercher la preuve chez... les romanciers.

Le roman vérité de Nhât Linh

Dans ce domaine bien couvert par le mutisme officiel et intellectuel, la littérature de fiction dit beaucoup plus que bien des études à prétentions politiques ou historiques. Constantin Melnik, ancien chef des services secrets de Michel Debré au début de la guerre d'Algérie, a lancé le genre, baptisé « vrai-faux » roman[15]. Sans aucun doute ignorait-il que le promoteur des lettres vietnamiennes modernes avait déjà eu cette audace, en pleine période diémiste à Saigon, à une date (1961) où l'épidémie du secret sévissait de tous côtés[16]. Tout comme Melnik, Nhât Linh sait pertinemment de quoi il parle. Ne fut-il pas le dirigeant du Viêt Nam Quôc Dân Dang en exil puis, sous son vrai nom, Nguyên Tuong Tam, le ministre des Affaires étrangères de Hô Chi Minh, en 1946 ? Refoulé en Chine par l'offensive de Giap contre les ultranationalistes, il devait revenir au pays, en officiel semi-clandestin cette fois, dans le Sud-Viêt-nam de Ngô Dinh Diêm.

15. Constantin Melnik, *L'Agence et le Comité*, Paris, Lattès, 1991.
16. Nhât Linh, *Giong sông Thanh Thuy (Le Cours du fleuve Thanh Thuy)*, Doi nay, 1961. T. I, *Une marche à trois* ; t. II, *Une cellule à deux* ; t. III, *La Patrie perdue*.

Le héros de son récit politique et sentimental, Ngoc, fuit au Yunnan après la mort de celle dont il était follement amoureux. Dans son exil, il mène l'existence des militants, et son cœur balance entre deux jeunes Vietnamiennes, la sœur d'un camarade et la patronne d'une petite boutique, Thanh. Cette dernière, elle aussi, est partie avec une amie au Yunnan, sans intention de revenir au pays où elle a connu une très dure déception amoureuse. Ses relations avec Ngoc vont se dérouler dans l'atmosphère étrange d'une passion réciproque refoulée, où un franc-parler très direct alterne avec des semi-confidences politiques exprimées dans le flou des métaphores. Mais, très vite, il est question que tous deux partent ensemble accomplir les missions ultrasecrètes que leur ont confiées les partis antagonistes dont ils relèvent. Ngoc, membre du VNQDD, est chargé d'assassiner la viêt-minh Thanh, qui doit lui réserver le même sort. Un amour réciproque les unissant, ils prennent conscience d'avoir été entraînés dans un engrenage.

« Engrenage » *(guong may)*, le mot revient comme un leitmotiv pour désigner l'appareil révolutionnaire. En poussant l'analyse, on découvre, en dernière instance, le jeu inexorable de la violence et de la guerre aboutissant à une ascension aux extrêmes, selon l'expression de Clausewitz. Cette violence sans limite, irréalisable sur le terrain d'une opération militaire, est la matrice psychologique du totalitarisme.

Dans le roman de Nhât Linh, l'arme employée est la moins bruyante et la plus discrète qui soit : un poison très violent est servi à la personne condamnée, mêlé à un café non moins fort destiné à le faire avaler. Ainsi Ngoc, en pleine montagne, liquide deux viêt-minh, dont il jette ensuite les corps au fond d'une gorge où coule un torrent. Ses confidences, à ce propos, sont allées très loin. Comme il refusait que Thanh l'accompagne, faute de pouvoir garantir sa sécurité, il lui avait dit qu'il devait accompagner deux espions viêt-cong infiltrés chez les nationalistes, avec mission de les liquider discrètement en cours de route. « Il n'est pas impossible qu'ils en soient informés et qu'ils tentent donc, eux aussi, de me faire la peau avant que, moi, je la leur fasse. Voilà le risque, à toi de juger[17]. »

---

17. *Ibid.*, I, p. 68.

Même s'il l'appelle « camarade », après être parvenu à l'intégrer dans le réseau de son parti, elle n'arrive pas à s'en persuader au plus profond d'elle-même. Elle en vient finalement à partir en mission avec lui jusque dans la province frontière de Ha Giang, où il doit s'informer sur l'état du réseau nationaliste, très fort dans tout ce secteur. Par ses relations dans le milieu viêt-minh, elle sera pour lui le meilleur des guides. Passant à proximité de la gorge où Ngoc a fait disparaître, un an plus tôt, deux viêt-minh, elle tient à se rendre sur le lieu même, où elle peut apercevoir leurs os, blanchis au fond du précipice. Elle lui révèle alors qu'elle aussi est membre de ce même groupe viêt-minh. Il répond qu'il le savait. Pour le jauger, elle lui dévoile toutes les informations qu'elle a sur le réseau nationaliste et le défie de la tuer. Il se borne à sortir son revolver, qu'il lui pose sur le cœur. Après un long moment de silence, constatant qu'elle n'a pas fait un geste pour s'en emparer, il lui dit simplement : « Thanh, je t'attends. »

Tous deux pénètrent dans la province de Ha Giang, où Thanh contacte le responsable de son réseau. Voyant que tous les points de chute nationalistes ont été éliminés et qu'elle a elle-même été démasquée, elle fait immédiatement revenir Ngoc sur le sol chinois. Dès qu'il apprend leur passage sur l'autre rive du torrent, le chef viêt-minh local, accompagné de deux gardes, fait ouvrir le feu sur eux dans la nuit. Ils sont atteints l'un et l'autre et le récit se termine sur ce dialogue :

« Si nous parvenons à survivre, que ferons-nous ? demande Thanh.

- On replongera dans l'"engrenage" *(guong may)*.

- Et s'il n'y a plus aucun engrenage, je m'arrangerai pour en fabriquer un où nous nous engagerons tous les deux[18]. »

Sans épiloguer sur l'ambiguïté de cette dernière repartie, à la date de 1961, deux ans avant que Nguyên Tuong Tam se sente acculé au suicide, on n'en retiendra qu'un fait pour mieux comprendre le Hanoi de ces années tournant : le rôle clé des comités d'assassinat, dès avant 1945, dans tous les partis révolutionnaires. Signe révélateur d'un climat d'intense violence, dont Hô Chi

18. *Ibid.*, III, p. 210.

Minh - double jeu ou conviction profonde ? - ne semble pas avoir été partisan.

Du siège à l'éclatement

Les incidents qui suivent l'échec de la conférence de Fontainebleau, que Hô Chi Minh a tenté de compenser en signant, à la dernière minute, l'accord du 6 septembre 1946, n'ont pas tardé à déboucher sur les hostilités ouvertes. Si Philippe Devillers a bien dégagé les provocations françaises qui ont abouti à ce résultat[19], reste à savoir avec autant de précision ce que furent en coulisse les réactions des diverses composantes du Viêt-minh.

Craignant une attaque surprise du corps expéditionnaire français, la république démocratique prend ses précautions. Des administrations évacuent les bâtiments publics, pour se replier sur la campagne. Des tranchées sont creusées dans les rues, des communications établies d'une maison à l'autre en perçant les murs. Ces travaux de caractère défensif devaient permettre de riposter à un coup de force par des combats de rues.

Le 18 décembre, à Hanoi, les troupes françaises occupent les locaux du ministère des Finances. Le lendemain, le général Morlière, commandant la garnison, exige le désarmement des forces d'autodéfense du gouvernement Hô Chi Minh, les *tu vê*. Le soir même, à vingt heures, les Vietnamiens ripostent dans la nuit et, le lendemain, Hô Chi Minh lance à tout le pays un appel à la résistance : « Par amour de la paix, nous avons fait des concessions mais, plus nous en faisons, plus les colonialistes empiètent sur nos droits... Entrez dans la lutte par tous les moyens dont vous disposez, avec des fusils ou à l'arme blanche. Sinon, avec des pioches ou des bâtons. »

La largeur des avenues et la mobilité du corps expéditionnaire laissaient prévoir que les quartiers résidentiels seraient rapidement perdus. De fait, dès le 22 décembre, les *tu vê* se trouvent encerclés dans la vieille ville, où réside encore une partie de la population. Les rues étroites vont y faciliter une résistance opiniâtre, maison par

19. Ph. Devillers, *Paris, Saigon, Hanoi. Les archives de la guerre 1944-1947*, Paris, Gallimard-Julliard, 1989.

maison. Cet abcès de fixation doit permettre au gouvernement de mettre en place son dispositif dans les campagnes. C'est alors qu'est créé, sous les ordres de Vuong Thua Vu, le régiment de la capitale, avec les forces d'autodéfense. On escomptait cinq cents engagés, ils seront 1 200, dont deux cents femmes et cent enfants.

Le 14 février, après de durs combats, les forces françaises occupent le Grand Marché. L'étau s'étant dangereusement resserré, l'évacuation est décidée. L'idée d'un départ par petits groupes en combattant ou celle d'une marche vers la banlieue par les égouts sont écartées. La colonne se glissera sous les travées du grand pont métallique portant le nom de Paul Doumer, pour aller ensuite franchir le fleuve un peu en amont, entre deux postes français. La clé du succès est dans le secret absolu.

À dix-huit heures le 17 février, à la dernière minute, l'ordre d'évacuation est donné aux combattants, qui avaient reçu dès le matin la consigne de se tenir prêts à passer à l'action. Avant de partir, ils trouveront le temps d'écrire avec des briques ou du charbon de bois sur les murs en ruines : « Nous reviendrons ! » Le crachin étend sur la ville un tulle de brume. La visibilité est nulle. À vingt et une heures, la colonne fantôme est sortie de la tenaille, sans provoquer de réaction. Dans les bâtiments publics, sur des tas de matelas imbibés de pétrole et d'essence, des bâtonnets d'encens se consument lentement. Dans quelques heures, ils provoqueront l'incendie. À quatre heures du matin, l'embarquement commence, avec une vingtaine de barques. Il durera jusqu'à neuf heures. « Nous continuerons le combat, proclame le général Vo Nguyên Giap dans son ordre du jour. Nous combattrons dix ans, et plus encore s'il le faut. » Hanoi n'est plus que ruines. Il va bientôt en être de même de toutes les agglomérations du Centre et du Nord, où la population applique la tactique de la terre brûlée en sabotant les bâtiments au pic et à la pioche, faute d'explosifs.

Si la vieille ville et la cité coloniale ont littéralement explosé en des milliers de groupuscules disséminés dans les rizières, les jungles et les forêts, quelques embryons clandestins étant demeurés *intra-muros*, deux sites privilégiés ont pris le relais de la capitale : Hanoi la Grise, en pleine jungle, dans le massif montagneux septentrional adossé à la frontière de Chine, où Hô Chi Minh s'est replié avec ses services centraux ; et Hanoi l'Ensoleillée, dans la province de Thanh Hoa au climat plus clément, refuge d'intellectuels qui animent les facultés de lettres repliées dans le monde rural. Sous l'étendard de la grande union, une oreille attentive parvient à percevoir aujourd'hui, dans ces cités de bambous, des propos révélateurs de sérieuses nuances, pour ne pas dire de divergences. Si l'acuité du conflit les a fait taire, le retour de la paix dans la réunification à l'heure du grand fiasco du bloc dit socialiste leur restitue tout leur intérêt.

Bien qu'on ne l'ait su clairement qu'en 1993, la première préoccupation de Hô a été de tenter de prendre contact avec les États-Unis, en expédiant en mission diplomatique à Bangkok, durant le premier semestre de 1947, son conseiller personnel, le Dr Pham Ngoc Thach. Ce dernier insista auprès de l'ambassadeur Edwin F. Stanton sur le caractère national du gouvernement, où les ministres communistes « favorisaient le développement de l'économie capitaliste et faisaient appel aux fonds étrangers pour la reconstruction du pays[20] ». Le 8 mai, Hoang Minh Giam, ministre des Affaires étrangères, adressa au président Truman un appel dans le même esprit. Des signes amicaux furent adressés au gouvernement nationaliste chinois de Nanjing, mais cette offensive de charme fut vouée à l'échec par l'action de diplomates des États-Unis qui jugeaient impensable la moindre analogie entre Hô Chi Minh et Tito.

C'est pourtant à cette date qu'un certain XYZ, en lequel tous les militants ont d'emblée reconnu la silhouette et la plume de Hô, publie dans la jungle du Nord un pseudo-plagiat de Mao, auquel il emprunte son titre, *Pour corriger le style de travail*, afin de mieux dire le contraire. S'il s'en prend à l'individualisme et au subjectivisme tout comme son homologue chinois, il s'abstient de toute attaque contre les intellectuels, auxquels ce dernier reprochait de n'avoir « que des connaissances livresques ». Cette plaquette, qui reprend la formule de Staline « les cadres décident de tout », exalte la vertu révolutionnaire en des termes précieusement antiques qui auraient fait les délices des lettrés les plus traditionalistes. Loin d'annoncer un tournant radical comme le brûlot de Mao, coup d'envoi de la purge

20. Jayne Werner, *The Vietnam War. Vietnamese and American perspectives*, New York, Sharper, 1993, p. 6.

que fut la campagne de rectification dite *cheng feng*, le 1er février 1942 à Yenan, le texte de Hô exalte au contraire le changement dans la continuité. Il fait l'apologie de Marx en le revêtant d'un solide habit campagnard taillé dans la plus rustique des toiles confucéennes[21] : les cinq grandes vertus révolutionnaires, rebaptisées « humanité » *(nhân)*, « sens du devoir » *(nghia)*, « intelligence » *(tri)*, « courage » *(dung)* et « honnêteté » *(liêm)*, y ont pour antonymes la « concussion » *(tham ô)* et le « gaspillage » *(lang phi)*. Reconnu par Pékin puis par Moscou, l'oncle Hô sera reçu en 1950 par Staline, qui acceptera très volontiers de lui dédicacer une revue sur l'URSS qui se trouvait sur la table, mais qu'il s'empressera de lui faire dérober par le KGB, dans la nuit suivante, pour qu'il ne puisse pas s'en prévaloir à son retour. Ce fait, révélé en 1991 par les *Mémoires* de Khrouchtchev, sera confirmé par Giap en 1995[22].

Dans l'ombre de la cité de bambous des jungles impaludées, l'intention de Truong Chinh est bien différente de celle de l'Oncle quand il emprunte lui aussi un titre de Mao pour rédiger sa brochure *La résistance vaincra*. À une nuance près - la reconnaissance d'une possibilité de négociations avec la partie adverse pendant les hostilités -, il reprend en fait les thèses du Grand Timonier sur la guerre populaire et ses phases successives[23].

La victoire des communistes chinois en 1949, qui a ouvert de brillantes perspectives opérationnelles, a une contrepartie idéologique. Les postes français de la route n° 4 qui longe la frontière ont sauté en quelques jours et, bientôt, au début de 1951, sous la houlette de mentors de même provenance, la république démocratique reconstitue son Parti communiste sous le nom de parti du Travail et se lance dans deux grandes campagnes de lutte des classes : la réforme agraire, réalisée sur un scénario aussi impressionnant que tragique, et la purge interne de l'organisation marxiste, prétendument noyautée par la réaction. La langue de bois impose son martèlement cadencé, tout noir, tout blanc, dans le domaine des lettres.

21. XYZ, *Sua dôi loi lam viêc (Corriger le style de travail)*, 3e éd., 1949, p. 136.
22. Nikita Khrouchtchev, *Mémoires inédites*, Paris, Belfond, 1991, p. 194-195 ; Vo Nguyên Giap, *Chien Vâu trong vong Dây (Combat dans l'encerclement)*, Hanoi, 1995.
23. Truong Chinh, *La résistance vaincra*, Hanoi, 1960.

Des militants tomberont sous les balles de leurs camarades en levant le poing et en criant « Vive la révolution ! », persuadés d'avoir face à eux des sbires de la répression coloniale.

Déchirements

Le climat de plomb qui sévit dans les maquis vietnamiens provoque le retour à Hanoi d'intellectuels et d'artistes capables de supporter la pénurie alimentaire et l'absence de confort, mais non le poids d'une autocensure permanente, lourdement organisée et orchestrée. En cette même année 1951, le célèbre compositeur Pham Duy, dont les mélodies sont sur toutes les lèvres, abandonne avec tristesse le Viêt-minh, juste au lendemain du jour où il lui a été proposé d'adhérer au Parti communiste et d'aller en stage à Moscou pour mieux assimiler sa ligne. Si les quelques jours de prison que lui avaient « offerts », à l'automne 1945, les autorités françaises de Cochinchine l'avaient beaucoup aidé à comprendre la valeur et la ténacité des militants qui avaient connu le bagne, l'ultraconformisme de la pensée correcte a suffi à anéantir tous ses élans[24].

Venant de Kunming et de Hongkong, en février 1951, les leaders nationalistes hostiles et au Viêt-minh et à Bao Dai sont rentrés au Viêt-nam, notamment Nguyên Tuong Tam et Nguyên Huu Tri. Sous la lointaine égide d'un ex-empereur bien installé sur la Côte d'Azur, la capitale du Tonkin est devenue le fief du parti Dai Viêt et de son représentant, Nguyên Huu Tri.

Le Hanoi de ceux qui sont *dinh tê*, « rentrés » en ville, a un aspect égaré et sans issue. Rejetés par la brutalité du corps expéditionnaire français en Extrême-Orient (CEFEO), déçus par le dogmatisme intransigeant du versant le plus officiel de la résistance, ces intellectuels sont en fait jetés en marge de l'histoire.

24. Pham Duy, *Hôi ky cach mang khang chiên (Mémoires. La révolution, la résistance)*, États-Unis, 1989, p. 319-329.

L'autre voie

Georges Boudarel

Une vision manichéenne du conflit ne saurait rendre la complexité de la situation au sein du bloc Viêt-minh, bien plus divers qu'on le dit habituellement. Si les manigances du IIe Bureau poursuivant le conflit en sourdine y provoquent parfois des arrestations massives, tous les responsables du Công An (la Sûreté) ne s'y affirment pas pour autant partisans d'une répression aveugle. On apprend aujourd'hui qu'un cadre aussi haut placé que l'ancien imprimeur Trân Dang Ninh réussit à faire échec à une de ces « intox » qui avait fait envoyer en prison nombre d'authentiques militants des maquis[1].

On redécouvre aussi l'extraordinaire aventure, totalement occultée pendant des décennies par la prose officielle, du Hanoïen Nguyên Son (1908-1956), auquel a été consacré fin 1993 un colloque historique avec la participation du général Giap[2]. À dix-sept ans, cet élève de l'École normale partit rejoindre Nguyên Ai Quôc à Canton, où il entra à l'école militaire de Whampoa. Exclu du Parti chinois pour opposition au gauchisme en 1930, puis réadmis, il devint journaliste, poète, dramaturge et acteur dans les zones rouges où il fut le seul étranger à participer d'un bout à l'autre à la Longue Marche, avant de revenir combattre au Viêt-nam en 1945. Il y fut chargé du front du Sud, puis de la zone IV, où son PC de Thanh Hoa devint un pôle d'attraction. Ce militant haut en couleur avait laissé un souvenir inoubliable dans les milieux intellectuels, littéraires et artistiques, y compris chez ceux qui rejoignirent la zone française. Le gendre de Pham Quynh, Nguyên Tiên Lang (1909-1976), qui fut son secrétaire

1. *Xua va nay (Autrefois et aujourd'hui)*, mensuel, Hanoi, octobre 1995, p. 17-18.
2. *Tuong Nguyên Son (Le général Nguyên Son)*, Hanoi, 1995.

personnel, parle de lui avec éloge (sous le pseudonyme de « général Tôn ») dans un ouvrage paru en France en 1953[3].

Le colloque hanoïen de 1995 laisse toutefois le lecteur sur sa faim. Par suite de quelle divergence précise - politique ou opérationnelle ? - cet officier supérieur demanda-t-il à quitter le Viêt-nam pour revenir en Chine, en 1951, avant de souhaiter retrouver son sol natal, pour y mourir en 1956 ? Sans épiloguer sur ce point fondamental, on se bornera à constater que ce communiste qui fut un des fondateurs du Parti faisait preuve du plus grand libéralisme en matière d'art et de culture, se plaçant aux antipodes de l'opération de gargarisme mental qui commençait au Viêt Bac.

Sans aller aussi loin, le général Giap et une bonne partie des hauts officiers de l'armée ressentaient eux aussi une allergie à la nouvelle ligne de type maoïste. Un ancien cadre du régime de Hanoi, réfugié en France au tournant des années 90, écrit à ce propos : « Je ne m'attarderai pas sur la réforme agraire et la purge du Parti, dont on a beaucoup parlé. Je mentionnerai un phénomène moins connu, à savoir l'ouverture, dès 1952, de séances de lavage de cerveau et d'accusation dans de nombreux services civils et unités militaires. En 1953-1954, à l'École préparatoire à l'université, installée à Thanh Hoa, parallèlement au mouvement de la réforme agraire, les cours politiques poussèrent les enfants des familles exploiteuses (ou supposées l'être) à se livrer à une autocritique, à une séance d'accusation, voire de *danh dâp* (correction physique). En 1952, dans le régiment d'artillerie Tât Thang (Certain de vaincre), on obtint ainsi cet étrange résultat : dans certaines compagnies, le nombre de ceux qui avouaient avoir été agents de l'ennemi atteignait jusqu'à la moitié de l'effectif. Fort heureusement, l'échelon supérieur, jugeant ce résultat par trop absurde, procéda à une "mini"-opération de correction des erreurs, fit brûler tous les textes d'autocritique et rétablit ainsi le calme dans les esprits, ce qui permit aux hommes de se distinguer à Diên Biên Phû[4]. »

« Un grand nombre de ceux qui vivaient dans la zone française, poursuit cet auteur, n'étaient pas des partisans des colonialistes, mais opposés aux communistes. D'autres rejoignirent la résistance mais

---

3. Nguyên Tiên Lang, *Les Vietnamiens. I, Les Chemins de la révolte*, Amiot-Dumont, 1953, p. 103-106 et 135-136.
4. Nguyên Ba Hao, « *Dang công san Viêt Nam trong khang chiên chông Phap va vân dê giai phong dân tôc* » (« Le PC vietnamien dans la résistance contre la France et le problème de la libération nationale »), in *Thông Luân*, mensuel, n° 63, septembre 1993, p. 20-21.

revinrent en ville sous la pression des erreurs en cours, comme ce fut le cas de mes parents. » Il en alla de même, estime cet auteur, pour un grand nombre de ceux qui partiront au sud en 1954[5].

C'est sur cette toile de fond paradoxale où le patriotisme jouait à fond en faveur du Viêt-minh que ce dernier remporta ses victoires, grâce à l'indépendance d'esprit du général Giap, qui refusa de suivre, avec l'assentiment de Hô Chi Minh, les avis erronés de ses conseillers militaires chinois. Déjà, en 1950, contre l'avis des experts venus du Nord, il avait estimé qu'un siège en règle de la ville de Cao Bang aboutirait à un succès français, alors que la retraite de la garnison permettrait de la détruire lors de son repli, ce qui fut le cas. En 1954, il jugea qu'une opération éclair pour faire tomber Diên Biên Phû en quelques jours se solderait par un fiasco, et il fit prendre toutes les dispositions nécessaires pour entamer un long siège, qui finirait par grignoter un par un les points d'appui[6].

Pour ne rien simplifier, l'oncle Hô s'obstinait toujours à jouer l'ouverture sur le plan politique. Le fait a été clairement établi par Dang Huu Thu, dans la biographie en vietnamien qu'il a consacrée à l'ancien compagnon de Hô du début des années 20, Nguyên Thê Truyên, qui s'éloigna de lui après son départ pour Moscou en 1924 et rejoignit le camp nationaliste[7]. S'étant présenté aux élections municipales de 1953 à Hanoi, il était arrivé largement en tête avec 11 763 voix, devant le Dr Trân Trung Dung (8 643 voix).

Au début d'août 1954, Hô fit parvenir à Nguyên Thê Truyên une lettre lui rappelant leur ancienne amitié et lui offrant le poste de vice-président de la République, s'il acceptait de rester. Nguyên Thê Truyên le remercia de cette offre, en précisant que « chacun [s'était] engagé dans une voix différente pour servir la patrie[8] ». Si les événements survenus lors de la réforme agraire en 1955-1956 portent à penser qu'il eut raison, on peut aussi se demander si sa présence au gouvernement n'aurait pas pu limiter les erreurs, surtout si la France avait su saisir cette nouvelle occasion, dont elle avait bel et bien été

5. *Ibid.*, p. 21.
6. G. Boudarel et F. Caviglioli, « Comment Giap a failli perdre la bataille de Diên Biên Phu », in *Le Nouvel Observateur*, 8 avril 1983, p. 83-98.
7. Dang Huu Thu, *Thân thê va su nghiêp nhà cach mang Nguyên Thê Truyên* (La Vie et l'Œuvre révolutionnaire de Nguyên Thê Truyên), Melun, 1993, p. 350-352.
8. Roger Faligot et Pascal Kropp, *La Piscine. Les Services secrets français, 1944-1984*, Paris, Le Seuil, p. 135.

informée par le SDECE[9]. Une note confidentielle top secret adressée au président Mendès-France, le 13 novembre 1954, un mois après l'entrée de l'armée viêt-minh dans Hanoi, lui faisait savoir : « Un renseignement considéré comme sûr établirait que Hô Chi Minh *prend toujours l'attache de Moscou mais jamais celle de Pékin.* Mon informateur estime que les dirigeants de la république démocratique sont bien communistes, mais que le régime de celle-ci pourrait bien se stabiliser, surtout après sa réunion avec le Sud, à mi-chemin des institutions du monde libre et de celles du monde communiste.[10] » De fait, dans les services officiels de la république démocratique, il fut alors procédé à l'étude d'un texte déclarant que le régime du pays serait celui d'une démocratie bourgeoise par la forme et d'une démocratie populaire quant au fond. Cette plate-forme, qui n'a trouvé aucun écho dans l'organe du Parti, le *Nhân dân,* témoigne vraisemblablement d'un jeu de tendances divergentes s'affrontant à fleurets mouchetés.

Une interprétation optimiste de ce qui aurait pu changer le cours des choses a ses limites. Si l'Oncle entendait alors jouer à fond la carte de la paix et de la coexistence pour obtenir deux ans plus tard la réunification du pays par des élections générales, il n'en allait pas de même dans le camp d'en face. Peu avant le départ des forces franco-vietnamiennes de la capitale, un sabotage absurde à l'explosif fit sauter le monument le plus cher au cœur des Vietnamiens, la pagode au pilier unique, rendue célèbre par les timbres de l'époque coloniale.

9. Service français de renseignements.
10. Faligot R., Kropp P., *op. cit.*, p. 135.

3. *Vers la libération*

1954 : les dilemmes de l'indépendance

Georges Boudarel

Une campagne des Cents Fleurs préparée au sein du département culturel de l'armée vietnamienne capote brusquement en 1955, révélant le dynamisme des milieux intellectuels et le sectarisme de certains dirigeants. Un clivage s'opère alors chez les artistes : les uns rallient la ligne officielle, les autres s'obstinent. Les fissures au sein du bloc communiste se répercutent d'autant plus facilement à Hanoi qu'elles révèlent les catastrophes sociales du maoïsme. Ce débat acharné est passé inaperçu à l'époque, enfermé dans le secret indispensable aux opérations militaires.

Quand ils entrèrent dans l'immeuble de Radio Hanoi en octobre 1954, les soldats de l'Armée populaire hésitèrent à la vue des tapis de l'escalier. Pour ces fils de paysans, dont les pères n'avaient même pas toujours eu une couverture pour les nuits d'hiver, ces vieilles moquettes élimées représentaient le comble du luxe. Ils enlevèrent leurs sandales avant d'oser s'y aventurer.

Étranges militaires, qui avaient gagné la guerre sans jamais avoir appris à marcher au pas. Il fallut les entraîner durant quelques semaines pour les faire défiler devant la tribune présidentielle le 1er janvier 1955, lors de la grande manifestation qui célébra à retardement l'entrée officielle du gouvernement dans la capitale. Par la même occasion, la population fut amenée à se rassembler tous les soirs pour s'entraîner à défiler elle aussi derrière l'armée.

Hanoi se vidait de la présence française. Aux yeux des journalistes occidentaux, elle était devenue une ville morte. Les machines, les stocks indispensables, les dossiers et les installations techniques avaient été emportés dans le Sud, au mépris des accords. Quelques mois plus tard, les dernières troupes françaises abandonnaient un

Nord-Viêt-nam littéralement démuni de tout. L'agence United Press câblait de Haiphong cette information significative :

> L'armée de l'air française a évacué hier la base de Cat Bi, sous le commandement du capitaine Charper. Les pilotes ont emporté tout ce sur quoi ils ont pu mettre la main, même des cure-dents, « pour ne pas laisser une seule chose aux viêt-minh », a dit Charper.

Le corps expéditionnaire (CEFEO) et les hommes de Ngô Dinh Diêm eurent beau emballer et déménager, leur départ par lui-même laissait au Viêt-nam le bien le plus précieux : l'indépendance. Pour la première fois depuis quatre-vingts ans, le vrai Hanoi revivait dans les vieilles rues des « trente-six quartiers », qui portent comme il y a dix siècles les noms des corporations, telles les rues du Sucre, du Chanvre, des Médicaments, et dans les bidonvilles, aux impasses miséreuses, où l'on pouvait enfin respirer. Il n'y avait plus qu'un seul Hanoi, rendu à lui-même et désireux de faire peau neuve.

*

Dans le mois qui a suivi la libération, on a ouvert un premier salon de peinture. Puis un grand amphithéâtre en planches, de 10 000 places, a dressé ses charpentes sur le terrain des anciennes expositions. Chaque soir, on y joue à guichets fermés les pièces d'un Festival d'art dramatique. Les vainqueurs de Diên Biên Phû ont rapporté dans leur havresac, en même temps que la victoire, une étrange danse muong, où garçons et filles sautillent entre des bambous qu'on entrechoque. Les regroupés du Sud ont entraîné dans leur sillage les mélodies édé et banhar, aussi plaintives que le souffle du vent sur les hautes herbes des plateaux de Pleiku et de Ban Me Thuot. Si le Viêt-nam étonné se découvre lui-même dans son infinie diversité, quelques idéologues, aussi hypocrites que bornés, se disent choqués de voir des femmes aux seins nus danser avec des hommes en pagnes. Et Tartuffe couvrit ces seins, qu'il ne saurait voir.

Tout à côté de ce grand cirque s'est ouverte une université populaire où les étudiants de la zone occupée reçoivent des cours d'économie politique. Les facultés ont rouvert, avec des programmes en vietnamien pour toutes les matières qui s'enseignaient dans la résistance. Déjà des étudiants reviennent de Moscou, de Pékin et d'ailleurs, et s'apprêtent à créer de nouvelles chaires. Pour tout dire, Hanoi s'est mise à l'heure vietnamienne. Et, n'en déplaise aux prévisions pessimistes, les plus beaux résultats s'obtiennent très vite dans tous les secteurs de l'enseignement ; l'analphabétisme est rapidement éradiqué dans la capitale et sa proche banlieue.

Dans cette ville d'où ont pratiquement disparu les « longs nez », demeure un Français solitaire qui s'ennuie au milieu d'un square, en buste, devant un institut qui porte son nom : Pasteur. Toutes les plaques et les monuments rappelant conquérants et colons ont été déboulonnés. Pasteur reste seul avec un Suisse, devenu français d'Indochine, le Dr Yersin, qui découvrit le microbe de la peste et dont un hôpital porte le nom, et avec l'ancien gouverneur général Albert Sarraut, qui a demandé à Pham Van Dong[1] au moment de Genève que le lycée français ne change pas d'appellation.

Cette présence de Pasteur a valeur de symbole. Hanoi entend tourner la page sur la colonisation, mais non sur l'amitié avec la France. Dès le 1er octobre, un décret a précisé que les collaborateurs de la partie adverse ne seront frappés d'aucune sanction et se verront assurer des libertés démocratiques. Des pourparlers sont ouverts pour persuader les sociétés françaises de poursuivre leurs activités et pour régler le statut de l'École française d'Extrême-Orient, des Instituts du cancer et Pasteur, ainsi que du lycée. Jean Sainteny, ancien commissaire de la France à Hanoi, ardent partisan d'une telle collaboration, est appuyé en France par le directeur de la Régie Renault, Lefaucheux. En décembre 1954, un accord-cadre est signé qui entend que les entreprises françaises « ne subiront aucune mesure discriminatoire ». Mais le haut-commissaire de France à Saigon, le général Ély, n'est guère favorable à de telles perspectives, vis-à-vis desquelles les milieux d'affaires ne montrent que réticences.

Bien que divers accords mineurs interviennent, notamment à propos des charbonnages Hongay, l'indifférence des sociétés et du

1. Ancien Premier ministre du Viêt-nam.

gouvernement français fait rétrograder les relations économiques franco-vietnamiennes au point mort. « La France doit choisir entre Washington et Hanoi », a déclaré Pham Van Dong au correspondant du *Monde*, le 1er janvier 1955. La France répond en choisissant Washington. En juillet 1955, Hô Chi Minh partira pour Moscou et pour les capitales des pays socialistes et de démocratie populaire chercher les crédits et les moyens techniques dont le pays a le plus urgent besoin. Paris vient de manquer l'occasion de jouer un rôle de pionnier dans une politique de coexistence originale sur le plan économique, dont les avantages ne lui apparaîtront que bien plus tard.

Il existait pourtant des chances qu'elle se réalisât. Sur l'ordre de Truong Chinh, la radio La Voix du Viêt-nam « avait censuré un bref passage du discours de l'Oncle au meeting organisé sur l'ancien hippodrome, à son retour de Moscou ». Le chœur officiel, qui adorait les dièses et les appoggiatures, était résolument allergique aux bémols. À cette date, Vu Dinh Huynh, qui n'est plus le secrétaire personnel de l'Oncle depuis le retour à Hanoi, inaugure les chrysanthèmes et les bégonias en sa nouvelle qualité de chef du protocole au ministère des Affaires étrangères. Il a tout le loisir de se livrer à l'étude de l'utilité des « placards » dans une démocratie populaire. Mais, alors que les arcanes du pouvoir s'imprègnent de l'esprit maoïste, le Viêt-nam communiste va connaître un étonnant petit trimestre de relative liberté d'expression, qui va très loin sur le plan politique et pose avec une bonne trentaine d'années d'avance les problèmes de fond de la démocratie politique dans le cadre d'une structure légale précise[2].

Cent fleurs trop tôt écloses

Au lendemain de Diên Biên Phû, où il se trouvait dans les services culturels sous les ordres du commissaire Trân Dô, un jeune écrivain, Trân Dân, fut envoyé en Chine pour rédiger le scénario

2. Pour plus de détails, voir G. Boudarel, *Cent Fleurs écloses dans la nuit du Viêt-nam, 1954-1956*, Paris, Jacques Bertoin, 1991.

d'un film sur la bataille. Au retour de cette brève mission, il n'a plus qu'un projet en tête : s'affirmer dans le monde des lettres par une œuvre conforme à ses idées et promouvoir une évolution de la politique culturelle. Dès le début de 1955 paraît son roman-reportage sur la bataille de Diên Biên Phû, *Des hommes, vague sur vague (Nguoi nguoi lop lop).* Il y montre des combattants dans la complexité de leur caractère, sans chercher à en faire des héros ni à dépeindre la guerre proprement dite. Le livre connaît un succès de librairie.

Durant l'hiver 1954-1955 s'est constitué autour de Trân Dân un groupe formé de deux compositeurs de musique, deux poètes et un dramaturge, tous militaires. Ils songent à s'adresser aux autorités supérieures pour demander une réorientation idéologique. Cette initiative rencontre un grand écho chez les intellectuels de l'armée, qui y collaborent d'abord avec enthousiasme, pour s'opposer à la tutelle des commissaires politiques sur la création et rendre leur autonomie aux écrivains et aux artistes de l'armée.

En fait, le projet va beaucoup plus loin et touche à la ligne culturelle même du Parti communiste. Une plate-forme est mise au point collectivement, et Trân Dân est chargé de la présenter lors d'une assemblée générale à laquelle assistent les plus hautes autorités, en février 1955. On n'en connaît qu'indirectement quelques éléments.

> La révolution, dit Trân Dân, n'a nul besoin de thuriféraires qui encensent les programmes officiels ni *a fortiori* de chamans qui en célèbrent le culte, qui mentent en frappant sur des cymbales et en psalmodiant de lamentables litanies [...]. On trouve aujourd'hui dans notre littérature beaucoup d'artifice (et même d'hypocrisie), et aussi beaucoup de stéréotypes simplistes. L'écrivain pose un cadre et oblige la réalité à s'y insérer de force.

Après avoir brossé un portrait ironique du « héros » standard, Trân Dân poursuit :

> Pourquoi n'écrit-on pas sur les bureaux, par exemple ? Ou sur l'amour ? [...] Pourquoi restreint-on les personnages dignes d'être portraiturés aux individus d'origine ouvrière ou paysanne ? Le

> réalisme encourage cent écoles à s'épanouir tant sur le fond que dans la forme.

Dès février 1955, une campagne des Cent Fleurs est en gésine dans le département culturel de l'armée vietnamienne. Il faudra encore plus d'un an pour que le célèbre mouvement portant ce nom soit déclenché en Chine, et près de deux ans avant qu'il ne se traduise en acte au Viêt-nam pour tourner brusquement court au début de l'été 1957. Cette initiative en cercle restreint et son brusque avortement attestent le dynamisme des milieux intellectuels de Hanoi et l'étroitesse de vues des dirigeants qui l'ont étouffée, malgré la relative ouverture de quelques-uns de leurs collègues.

Le projet des rénovateurs de l'armée vietnamienne capote donc brusquement au cours de la réunion, à la suite d'une intervention du directeur du commissariat politique de l'armée, le général Nguyên Chi Thanh, qui juge leurs demandes inspirées par le « libéralisme bourgeois ». Un clivage s'opère alors chez les artistes. Certains rallient la ligne officielle. D'autres s'obstinent, qui sont mis aux arrêts de rigueur, puis envoyés comme observateurs de la réforme agraire pour être « rééduqués ». Tout semble rentrer dans l'ordre quand, à la veille du Têt de 1956, paraît un recueil contestataire, *Giai phâm mua xuan (Les Belles Œuvres du printemps).* Un poème de Trân Dân, *Nhât dinh thang (Nous vaincrons)*, y dépeint le malaise régnant dans le Nord. Bien que cette brochure soit avant tout l'œuvre d'écrivains de l'armée - Hoang Câm, Lê Dat, Trân Dân -, sa censure n'est pas prise en main par les militaires, mais par les responsables civils des questions culturelles au sein du Parti communiste : Tô Huu, secondé par le critique Hoai Thanh. Cet ancien partisan de l'art pour l'art rallié au réalisme socialiste après 1945 monte en première ligne pour combattre les idées réactionnaires qu'il croit déceler chez Trân Dân.

Le climat se tend davantage encore en passant de l'armée aux civils. Paradoxalement, il semble bien qu'il y ait, entre les tenants des deux conceptions de l'art au sein de l'armée, sinon un vrai dialogue, du moins un certain respect mutuel, qui brusquement disparaît. Cette tolérance relative venait-elle de soutiens haut placés dans le commandement ? Le commissaire politique de la bataille de Diên Biên Phû, Lê Liêm, penchait en faveur des réformateurs. Le général Trân Dô, dépeint sous un jour sympathique par Trân Dân dans son roman, dut être un élément modérateur. Quoi qu'il en soit, à partir de février 1956, les services idéologiques entrent en guerre contre les contestataires. Une séance de critique enflammée accuse Trân Dân, qu'on a purement et simplement jeté en prison, tandis que la situation ne tarde pas à devenir de plus en plus grave pour la direction, en raison de la conjonction de deux facteurs : la crise du communisme international et la mise au jour d'erreurs sanglantes commises depuis plusieurs années en politique intérieure.

En effet, 1956 voit se succéder, coup sur coup, plusieurs explosions au sein du bloc communiste : le rapport secret de Khrouchtchev sur Staline, le 24 février ; le discours de Lu Dingyi sur les Cent Fleurs à Pékin, le 26 mai ; le bouillonnement des cercles Petöfi à Budapest ; l'insurrection de Poznan, le 28 juin ; et finalement la révolte hongroise d'octobre, écrasée par l'intervention soviétique, au début de novembre. Ces événements trouvent d'autant plus d'échos à Hanoi qu'ils jalonnent la révélation progressive des catastrophes sociales et des crimes engendrés par l'application des principes maoïstes. Le contrôle policier systématique de la population et de ses déplacements *(hô khâu)*, la classification des gens en fonction de leur livret biographique[3] *(ly lich)* sont contestés, tout comme l'attribution des prix littéraires pour 1955-1956. Au cours d'une houleuse assemblée des artistes et écrivains qui se tient du 1er au 18 août 1956, l'aspiration à la liberté s'exprime avec tout autant de force que les revendications matérielles. Le 20 septembre sort des presses le premier numéro d'un journal contestataire qui n'entend pas mâcher ses mots, *Nhân Van (Humanisme)*, un titre qui annonce la couleur.

Cinq numéros de ce périodique au format « quotidien » sortiront des presses entre le 20 septembre et le 20 novembre ; le sixième sera interdit et confisqué à l'imprimerie avant même sa composition, le 11 décembre. Sur cet élan, *Giai Phâm* a réédité son premier numéro confisqué et en a sorti quatre autres.

---

3. Il s'agit en fait d'un livret précisant la classe sociale de son détenteur.

L'automne se transforme en printemps pour les périodiques, qui se mettent à éclore : *Dât Moi (Terre nouvelle)*, publié par les étudiants, *Tram Hoa (Cent Fleurs)*, du poète Nguyên Binh (dix numéros entre octobre et décembre), *Noi Thât (Franc-Parler)*, de Hoang Công Khai, *Tâp San Phê binh (Revue de critique)*, qui tiendra jusqu'à fin 1957.

Sous cette vague de libres propos ont cédé les digues des journaux conformistes qui paraissaient précédemment. Le quotidien *Ha Nôi Moi (Temps nouveaux)*, l'hebdomadaire *Van Nghê (Lettres et Arts)* sortent souvent des rails de l'orthodoxie. Dès janvier, *Tô Quoc (La Patrie)* avait ouvert la voie en publiant sous un pseudonyme un texte de Trân Dân persiflant la réforme agraire tout en la célébrant. Début novembre, l'organe du Parti, *Nhân Dân (Le Peuple)*, se met lui aussi à donner des informations quasi exemptes de propagande.

Les rédacteurs de *Nhân Van*, anciens résistants souvent venus de l'armée, ont adhéré sincèrement au Parti communiste, avant de demander parfois à le quitter. L'animateur et le stratège de l'équipe est l'ancien secrétaire à la Jeunesse du premier gouvernement de Hô Chi Minh, Nguyên Huu Dang, communiste des années 30 qui s'est associé à Tran Thieu Bao, collectionneur de tableaux et propriétaire des éditions Minh Duc. Le groupe est en contact avec des intellectuels et des bourgeois patriotes qui le soutiennent financièrement. La direction est confiée au vieux lettré Phan Khôi, figure éminente du journalisme et de la sinologie vietnamienne. Un mélange détonant de talent, de polémique et d'érudition, de diplomatie et de franc-parler. Le peintre, caricaturiste et novelliste Trân Duy assure le secrétariat de rédaction, pendant qu'à l'arrière-plan les auteurs dissidents de l'armée et du Parti, Hoang Cam, Lê Dat et Trân Dân, assurent l'essentiel du travail.

Quatre grands maîtres de la pensée vietnamienne ont investi leur prestige dans l'entreprise : le père de la lexicographie et de l'anthropologie du pays, Dao Duy Anh, entré en révolution dès les années 20, l'avocat démocrate Nguyên Manh Tuong, écrivain de langue française et titulaire de deux doctorats (lettres et droit), le philosophe Trân Duc Thao, husserlien passé au marxisme, collaborateur des *Temps modernes* de Jean-Paul Sartre et auteur de

Phénoménologie et matérialisme dialectique, et, enfin, le biologiste Dang Van Ngu, qui permit au Viêt-minh de fabriquer des antibiotiques avec des moyens de fortune dans la jungle. Thuy An, anciennement directrice de deux périodiques féminins et auteur d'un roman d'amour éthéré, est devenue l'égérie du groupe. Et la palette serait incomplète si l'on omettait Van Cao, musicien et peintre, auteur de l'hymne national, et le critique trotskiste Truong Tuu, qui fut le premier à introduire la psychanalyse au Viêt-nam, en 1943. Autour de ces figures de proue gravitent activement une quarantaine d'auteurs et d'artistes.

Nhan Van, qui est sinon autorisé, du moins toléré par le Parti communiste, se caractérise par sa liberté d'expression. Chu Ngoc l'affirme très nettement : « Nous entendons seulement nous en tenir à la méthode suivante dans nos critiques : dire ouvertement, dire vrai, dire tout. » Ces contestataires ne récusent pas *a priori* le socialisme, mais la forme sous laquelle il se présente. Ils se refusent à assimiler socialisme et monolithisme, patriotisme et totalitarisme, et cherchent à démontrer qu'il existe d'autres voies. La sincérité, le respect de la vérité inspirent leurs efforts, face à des attitudes qu'ils jugent hypocrites. Cette critique directe, au grand jour, va plus loin que celle qui se développe à la même époque en URSS, où la contestation n'avance que sous le masque de la fiction comme dans *Le Dégel* d'Ehrenbourg ou *L'homme ne vit pas seulement de pain* de Dudintsev. Les dissidents viêts réclament ouvertement la publicité des débats :

> Si dans la population et dans la presse, écrit Trân Lê Van, la critique publique avait été mise en œuvre auparavant, chacun disant ouvertement et franchement ce qu'il pense pour que la direction distingue peu à peu le faux du vrai dans l'exécution même de sa politique, on aurait certainement évité bien des catastrophes[4].

Pour sauver l'humanisme et ses valeurs, en particulier l'amour, indissociables de la démocratie, ces auteurs peignent les vices et les erreurs du totalitarisme dans des textes d'un réalisme sombre mais fidèle ou d'un humour corrosif. Dans *Monsieur le Pot à Chaux*,

4. *Nhân Van*, n° 2, 30 septembre 1956.

Phan Khôi décrit ce récipient familier, indispensable aux chiqueurs de bétel, mais qui présente l'inconvénient de s'obstruer avec le temps. Quand il devient inutilisable, on le considère comme un petit dieu, qu'on pose sur l'autel ou dans le mur de la pagode.

> J'ai écrit ce modeste essai, conclut-il, pour expliquer ces vers de Lê Dat :
>
> « Il est des hommes qui parviennent à vivre un siècle
> À la façon des pots à chaux
> Plus ils vivent, plus ils deviennent inutiles
> Plus ils vivent, plus ils sont bouchés[5]. »

Ces pages littéraires, brillantes, n'expriment pourtant pas l'essentiel de la contestation, qui s'attaque directement à ces questions de fond dont la solution ne s'esquissera que dans les années 80 : 1°. liberté et démocratie ; 2°. légalité, droits de l'homme et renforcement des institutions ; 3°. ouverture dans tous les domaines de la pensée et de la recherche. Les libertés démocratiques reviennent d'un numéro à l'autre comme un leitmotiv lancinant. Se réclamant du XXe congrès du Parti communiste soviétique, le philosophe Trân Duc Thao aborde ce problème le 15 octobre. Les erreurs qui pourraient se glisser dans le mouvement d'essor des libertés ne sauraient se comparer à celles de la réforme agraire, souligne-t-il, car cet essor « se réalisera par l'écrit et la parole sans toucher aux personnes physiques ». Les libertés sont pour l'intellectuel aussi indispensables que l'air qu'il respire. On ne saurait les dire formelles.

Le respect de la légalité et des institutions est mis en exergue par Nguyên Huu Dang dans son éditorial au n° 4 du 5 novembre :

> Notre mépris de la légalité bourgeoise, écrit-il, a pris de telles proportions que, pour beaucoup d'entre nous, il s'est transformé en mépris de la légalité en général. Notre longue et dure résistance nous a habitués à résoudre les problèmes en vase clos au gré de nos préférences. Cette absence du sens de la légalité explique les arrestations, les exécutions, les tortures et tous les abus de la réforme agraire.

---

5. *Giai Phâm mua thu*, 1956.

Dénonçant les excès de zèle de la police, le contrôle trop strict de la population *(hô khâu)*, l'ouverture du courrier par des tiers et la censure, Dang réclame l'application de la Constitution ou sa révision, le fonctionnement normal de l'Assemblée nationale, qui se doit de légiférer, et la mise en place d'un véritable pouvoir judiciaire.

Cette perspective juridique a été plus amplement développée par Me Nguyên Manh Tuong. L'oubli de quatre principes de base était, selon lui, à l'origine des erreurs de la réforme agraire : la prescription des crimes et délits après un laps de temps donné ; le caractère individuel de la responsabilité, qui ne saurait s'étendre à la parenté ; l'obligation d'apporter la preuve évidente du délit ; et le respect des droits de l'inculpé. Cette analyse l'amenait à préconiser trois mesures : la création d'institutions légales authentiques ; la réalisation d'une véritable démocratie ; la promulgation d'un régime garantissant la liberté de l'expression, de l'édition et de la presse.

Le carcan idéologique, s'il entrave les sciences naturelles, est encore plus redoutable dans les sciences sociales, estime Dao Duy Anh :

> Il n'est pas rare de voir des cadres sans autre expérience que politique ou se prétendant à tort spécialistes affectés à la direction d'un organe culturel ou académique [...]. L'étroitesse d'esprit se conjugue alors au laxisme sur le plan professionnel pour engendrer des recherches superficielles, et seules les idées conformes aux thèses classiques du marxisme ou aux discours de nos dirigeants ont droit de cité.

Des propos d'ombre et de vent

La réaction des autorités, échaudées par les méthodes très dures de la réforme agraire, fut avant tout d'ordre administratif : rationnement du papier, augmentation de son prix et, finalement, saisies et interdictions.

La longueur des débats tenus par les autorités témoigne de leur désarroi. Une foi forgée dans la clandestinité les avait amenées à suivre à la lettre la ligne maoïste, dont elles récoltaient soudain les fruits empoisonnés. Le seul leader non impliqué directement dans ce fiasco était Giap. Après une interminable session du Comité central, il lui revint la tâche délicate d'expliquer les erreurs et de faire renaître la confiance. Devant sept cents cadres, à Hanoi, le 29 octobre, il tint des propos certes fort pesés, mais francs et courageux. Début novembre, des mesures gouvernementales furent prises pour « corriger les erreurs de la réforme agraire et de la purge » - ce qui ne fut pas le cas en Chine.

Le sentiment de famille au sein du Parti fut toutefois plus fort que le réalisme et le pragmatisme, dont les tenants n'étaient de fait, à cette date, qu'une petite minorité, si prestigieuse fût-elle. L'intervention soviétique ayant écrasé le soulèvement hongrois, le ton changea assez rapidement. Une campagne s'orchestra pour mettre un bâillon aux voix discordantes. Une plainte téléguidée des ouvriers imprimeurs servit de prétexte à la saisie et à l'interdiction. Le pouvoir s'abstint toutefois de pousser à fond son avantage. Le congrès des Lettres et des Arts, en février 1957, bien que très strict sur la ligne, apparut comme un compromis.

Le bilan de ce trimestre de libération de la parole et de l'écrit doit être nuancé. La découverte des erreurs provoquées par une politique d'inspiration maoïste a amené la direction à tempérer son utopisme et à poser des garde-fous. Elle a provoqué des clivages entre une majorité restée dogmatique et une aile pragmatique fort minoritaire. Sur le plan intellectuel, l'avortement du débat sur le fond n'implique pas pour autant l'immobilisme total. La recherche sur le patriotisme national précolonial, libérée de certains préjugés gauchistes, provoque un essor de l'archéologie, de l'inventaire du folklore, de la traduction et de l'édition des écrits des mandarins d'autrefois. Sur le plan littéraire, plusieurs auteurs communistes, notamment Nguyên Ngoc ou Chu Vân, tireront, à titre individuel, la leçon de ce tourbillon d'idées.

L'expression libre étant désormais bloquée, les contestataires poursuivent à leur façon leur dialogue avec les sourds. Jouant sur le clavier des métaphores, ils vont tenir des « propos d'ombre et de vent » *(noi bong noi gio)*, art dans lequel ils sont passés maîtres depuis longtemps. Simultanément, ils pratiquent l'entrisme avec d'autant plus de facilité que la plupart des communistes directeurs de rédaction partagent, en fait, leur point de vue.

Après le congrès de février, le 10 mai 1957, la direction lance un nouvel hebdomadaire, *Van (Les Lettres)*, dont il ne sortira que trente-sept numéros, car il ne tarda guère à publier des œuvres jugées trop pessimistes ou trop sentimentales. La revue théorique du Parti communiste tirait la sonnette d'alarme dès juillet. Refusant d'admettre son laxisme, le secrétaire de rédaction, Nguyên Hông, communiste, reproche alors à l'auteur de cette critique « son schématisme et son esprit bureaucratique ». Et loin d'obtenir l'effet escompté, la mise en garde pousse l'hebdomadaire à s'enfoncer plus encore dans la voie de la déviation. Les articles à l'éloge du Parti diminuent pendant que les auteurs et artistes du *Nhân Van Giai Phâm* font successivement leur apparition dans les colonnes de *Van*. Presque tous les dissidents ont trouvé asile dans le nouveau périodique quand, le 10 janvier 1958, leur maître à tous, Phan Khôi, bête noire des gardiens de l'orthodoxie, s'y manifeste avec un récit à double sens où *Monsieur Nam Chuôt*, orfèvre érudit, habile et hâbleur, explique ses secrets : « Quand on connaît peu la question, on doit écouter et ne pas intervenir. Je ne me lancerai pas dans des théories sur les lettres avec vous, pas plus que vous ne viendrez m'enseigner mon métier. » C'est la goutte d'eau qui fait déborder le vase. Une semaine plus tard, l'hebdomadaire cesse sa parution.

En fait, les vents contraires venaient de bien plus loin. La déclaration commune des Partis communistes réunis à Moscou en décembre 1957 provoquait dans tout le bloc socialiste un raidissement général. À un début de dégel succéda une nouvelle glaciation. En Chine, la romancière Ding Ling va être soumise aux feux de la critique, en dépit de ses états de service. En URSS, Boris Pasternak devra refuser son prix Nobel et sera exclu de l'Union des écrivains. Entre-temps, le 17 juin, Budapest avait annoncé l'exécution d'Imre Nagy et de ses proches, pour « trahison ». Si l'on en croit les mémoires de Gromyko, cette même année, Mao proposait à l'URSS d'attirer les forces américaines au cœur de la Chine pour les décimer sous un tir atomique...

Un faux procès

Au Viêt-nam, Lê Duân s'en prendra au révisionnisme le 29 mai, soit trois semaines après Pékin. Sous le pseudonyme de Trân Luc, Hô Chi Minh exaltera durant l'été l'expérience chinoise du Grand Bond en avant. Dans *Nhân dan* du 16 septembre, il publiera un article, « Briser la droite » *(Danh tan phai huu)*, présentant comme exemplaire la lutte menée en Chine contre Ding Ling et les intellectuels qui ont critiqué sévèrement le parti dans le mouvement des Cent Fleurs. « La droite, écrit-il, est une mauvaise herbe empoisonnée. Mais notre politique est habile. Nous arrachons la mauvaise herbe pour en faire un engrais qui améliore nos rizières. » L'article met l'accent sur le rôle des cours de rééducation politique et sur la nécessité d'exclure les droitiers du Parti communiste.

Dès janvier, la mécanique est mise en marche. Tô Huu déclenche une campagne contre « les saboteurs sur le front idéologique et culturel ». Deux vagues de cours de rectification idéologique rassemblent successivement 172 puis 304 participants. Le mouvement touche à la fois les milieux littéraires et artistiques, et les universités[6]... Durant deux mois, une campagne de presse attaque les figures de proue de la contestation, notamment les penseurs Trân Duc Thao, Nguyên Manh Tuong, Dao Duy Anh, sans parler des écrivains, qui finissent par rédiger des autocritiques plus ou moins ambiguës, dont les autorités se contentent faute de mieux. Des accusations sont portées contre Phan Khôi, Truong Tuu, Nguyên Huu Dang, Thuy An, qui refusent de battre leur coulpe.

Tô Huu se félicite des résultats obtenus fin juin et début juillet. Les associations prononcent des exclusions et des sanctions sans commune mesure avec ce qui se passe en Chine pour les contestataires. L'été 1958 verra l'ensemble des écrivains, artistes, professeurs et étudiants partir dans les entreprises ou à la campagne pour « renforcer leur plate-forme idéologique » au contact des ouvriers et des paysans. On ne possède pas de témoignages précis et crédibles sur les conditions de ces séjours. Elles varièrent

6. *Bon Nhân Van Giai Phâm truoc toa an du luan (La clique « Nhân Van Giai Phâm » devant le tribunal de l'opinion)*, 1959, p. 309-310 et 35.

probablement beaucoup suivant les cas. Leur résultat fut sans aucun doute mitigé, si l'on en juge d'après *Vao doi (Premiers pas dans la vie)*, roman de Ha Minh Tuân, publié en avril 1963, après de longs mois passés dans une usine. L'ouvrage souleva un tollé de la critique officielle et fut retiré de la circulation, en dépit de sa « fin heureuse » : il y décrivait une direction bureaucratique provoquant par son incompétence le début d'une grève.

Après une année sans incidents notables, les autorités culturelles décident de clore définitivement la controverse par un procès dont le verdict tombe comme un couperet, sans la moindre campagne de presse préalable. Sous le titre « Le tribunal de Hanoi a jugé l'affaire d'espionnage Nguyên Huu Dang-Thuy An », *Nhân dan* du 21 janvier 1960 annonce brusquement que le délit d'opinion est désormais de la compétence de la police. Sur les cinq personnes jugées, Nguyên Huu Dang et la romancière Thuy An (Luu Thi Yên) sont condamnés à quinze ans de prison, et l'éditeur Minh Duc (Trân Thiêu Bao) à dix ans. Deux collaborateurs écopent de cinq ans. Apparemment, l'idéologie triomphe. Dans l'index d'un manuel littéraire paru en 1963, trente et un ouvrages (critiques, récits ou nouvelles) sont répartis dans les catégories suivantes : 1. mal accueilli ; 2. très mal accueilli ; 3. clairement réactionnaire, cette dernière qualification n'étant attribuée qu'à trois textes dont le *Monsieur Nam Chuôt* de Phan Khôi.

Dès l'été 1964, les premiers bombardements aériens font entrer le Nord directement dans la guerre. Plus encore que la répression judiciaire, l'intervention militaire américaine va aider les idéologues à bâillonner les voix contestataires. L'idéal patriotique prenait à nouveau la première place qui lui est toujours revenue dans la vie intellectuelle du Nord communiste. Les problèmes du quotidien, si graves et si évidents fussent-ils, s'estompaient devant la lutte contre l'ennemi extérieur, redevenue la priorité des priorités.

Entre l'ours et le tigre

À la veille de l'escalade américaine, le débat au sommet du Parti communiste vietnamien est d'autant plus dur que les options portent sur l'unité territoriale et le choix d'une stratégie jouant le politique ou le militaire, voire les deux. Le national et l'international s'y imbriquent à fond. L'ours de Moscou et le tigre de Pékin se livrent alors une guerre verbale qui peut se muer en véritable affrontement sur le sol de leur allié tout théorique, le Viêt-nam. Ce débat acharné est passé inaperçu à l'époque, le secret indispensable aux opérations militaires exigeant de le taire. Au tournant de 1963-1964, la pression de la guerre, qui provoque le mutisme des milieux intellectuels et littéraires, atteint le plus haut niveau de la sphère politique. Les rares Vietnamiens bien informés le savaient ; on en a aujourd'hui la preuve, impossible à déceler à l'époque.

Alors que la controverse sino-soviétique prend une tournure de plus en plus virulente, Hô Chi Minh fait valoir un point de vue bien plus diplomatique et nationaliste qu'idéologique, celui de la non-ingérence. L'organe du Parti communiste vietnamien attend la parution des positions chinoises ou soviétiques pour publier les textes des deux adversaires côte à côte, non sans les équilibrer par le commentaire et la mise en page.

Au début des années 60, parmi les dirigeants, certains cadres nourrissaient des sympathies ouvertement prosoviétiques, qualifiées de « révisionnistes » par Pékin. Bien que ne représentant qu'une petite minorité au sein du Comité central, ils occupaient parfois des positions en vue dans le gouvernement ou dans la vie intellectuelle et influençaient une portion non négligeable, sinon du Parti, du moins de la machine administrative. Plusieurs d'entre eux étaient originaires du Nam Ky (Cochinchine), où ils avaient milité avant 1954. Leur seul porte-parole osant afficher en public ses convictions était Duong Bach Mai, ancien conseiller municipal communiste de Saigon dans le milieu des années 30, relégué sur une voie de garage à la présidence de l'Association d'amitié vietnamo-soviétique. Il mourra début 1964.

Partageaient ses vues d'autres figures marquantes, mais plus discrètes et plus nuancées dans leurs propos : Ung Van Khiêm, membre du Comité central, ministre des Affaires étrangères jusqu'en mai 1963, puis ministre de l'Intérieur jusqu'en 1971 ; Bui Công Trung, directeur de l'Institut d'économie ; Lê Liêm, ancien commissaire politique de la bataille de Diên Biên Phu ; et

Minh Tranh, directeur des éditions du Parti communiste. Lê Duc Tho, fervent admirateur de Mao, tient le poste clé de l'organisation dans l'appareil, mais il ne parvient pas à imposer ses vues, qui heurtent celles de la personnalité intouchable de Giap, vainqueur de Diên Biên Phu, bien plus proche de Hô. Nguyên Chi Thanh, également populaire, est l'appui le plus solide de Tho, malgré un certain écart entre ses vues tactiques sur le terrain et les théories du Grand Timonier.

Il existait alors, comme dans tout gouvernement, des divergences qui n'étaient pas forcément insurmontables, même si les éléments durs les firent évoluer en ce sens. Ces clivages, soigneusement tenus sous le boisseau du fait des hostilités, se reflétaient dans le clair-obscur d'un texte d'inspiration très maoïste, tenu secret même au sein du Parti, mais communiqué aux dirigeants communistes du Sud, directement concernés. Les Américains purent en avoir connaissance à la suite de captures, d'arrestations ou de ralliements. Sans désigner ouvertement l'URSS, il critiquait le « révisionnisme moderne » et mettait l'accent sur la lutte armée, mais sans préconiser ouvertement une intervention de l'armée populaire au-delà du 17e parallèle, ce qui en fut la conséquence effective. Il faudra attendre plus de trente ans pour qu'on en apprenne davantage, avec le lancement au Viêt-nam, le 2 septembre 1995, jour de la fête nationale, d'un ouvrage diffusé en Occident par des voies aussi étranges qu'étrangères. Il est intitulé *Écrit pour ma mère et l'Assemblée nationale.* L'auteur de ce texte est un vieux communiste, entré au Parti vers 1930 et premier député de Saigon en 1945, Nguyên Van Trân. Ce militant de quatre-vingts ans, fils d'une grande famille fort riche, revenu aujourd'hui à la foi catholique de ses pères, apporte un témoignage qu'on peut estimer tendancieux, sans pouvoir nier son originalité et sa nouveauté.

Lê Duc Tho voulait écarter Hô

Rédigé et imprimé sur son ordinateur personnel, il a été aussitôt cloué au pilori, au nom du Bureau politique, par une note rédigée par Dao Duy Tung, qui demande pourtant de ne pas poursuivre ouvertement son auteur, en raison de sa popularité dans le Sud. Cette critique ultrasecrète a rapidement atteint l'Occident, où elle a été publiée dans la diaspora[7].

Dans son livre, rapidement édité aux États-Unis[8], Nguyên Van Trân reconnaît n'avoir pas participé à la réunion, qu'il relate en s'appuyant sur les confidences très amères de deux participants bien connus, le responsable de l'économie, Bui Công Trung, et l'ancien ministre des Affaires étrangères, Ung Van Khiêm. Il montre en tout cas sous un jour très sombre Lê Duc Tho, grand ordonnateur des discussions qui aboutirent à la IXe résolution. Nguyên Van Trân écrit, citant Bui Công Trung :

> Ce salaud de Tho *(thang Tho)* envisageait même de renverser notre vieil Oncle, pour mettre Nguyên Chi Thanh à sa place. Hô n'aurait plus été qu'un spécialiste cantonné dans l'étude du marxisme-léninisme, l'État passant entre les mains de Thanh. Quant au Parti, *statu quo* avec Lê Duân. Il était très difficile d'écarter ce drôle d'oiseau qui se prenait pour Confucius. Il avait trop de faits d'armes à son actif dans le Sud, où les femmes le portaient dans leur cœur.

Ung Van Khiêm, quant à lui, confiait à l'auteur :

> Avant la réunion, je me suis arrangé pour dire en aparté à notre vieil Oncle que je ne piperais pas mot sur notre déclaration commune avec Novotny ; il ne devait donc pas s'inquiéter de ce côté. Il avait en effet ajouté de sa main certains passages où l'on reconnaissait sa plume à vue d'œil. Ce texte, qui ne me faisait ni chaud ni froid, pouvait bel et bien servir de billot à Sau Tho pour hacher l'Oncle[9].

Si l'on en croit les propos de journalistes bien informés, de passage à Paris vers 1970, Lê Liêm aurait déclaré avoir demandé à l'Oncle s'il l'autorisait à exprimer le fond de ses vues

---

7. Voir *Phu nu diên dan (La Tribune des femmes)*, octobre 1995.
8. *Viêt cho me và Quôc Hôi (Écrit pour ma mère et pour l'Assemblée nationale)*, Van Nghê, Stanton, Californie. Voir notamment p. 322-331.
9. *Ibid*, p. 328.

prosoviétiques. Hô l'encouragea à dire tout ce qu'il pensait. Ce qu'il fit, en s'attirant de Tho une moue de mépris. Hô ne le soutint pas.

D'après Nguyên Van Trân, plus de dix membres du Comité central, notamment Ung Van Khiêm, Nguyên Van Vinh, Bui Công Trung et Lê Liêm, se sont abstenus de voter la IXe résolution. Le ton général antisoviétique excédait tant Hô Chi Minh qu'il quitta la salle pour aller fumer une cigarette à l'extérieur, évitant ainsi de prendre part au scrutin. Le général Giap, prosoviétique, partageait cette façon de voir. Si l'on en croit les rumeurs, au lendemain de ce vote, il se serait retiré à Do Son, où il jouait du piano pour se calmer les nerfs. Il devait partager les vues de Nguyên Van Vinh, sans toutefois les exposer au grand jour. De fait, après l'initiative de Trân Van Tra dans le Sud au début de 1975, ce sera lui qui, depuis Hanoi, achèvera de porter le coup décisif à l'armée de Saigon. Toujours selon Nguyên Van Trân, l'adoption de cette IXe résolution déclencha une campagne de répression contre certains dirigeants du Parti. Les arrestations ne furent toutefois pas opérées sur-le-champ mais en 1967, sans aucun jugement, uniquement sur décision interne de l'organisation communiste.

Le général Nguyên Van Vinh, chargé des problèmes de la réunification, put en effet exposer ses idées dans le mensuel communiste de février 1964[10]. Il y envisageait trois possibilités de réaction de la part des États-Unis, à savoir le retrait de leurs troupes, l'envoi par eux de nouveaux renforts au sud du 17e parallèle, mais aussi leur intervention directe au Nord-Viêt-nam[11]. 1965 fut en effet marquée par d'âpres débats internes, qui évoluèrent dans un sens plus favorable à l'URSS après les « incidents » du golfe du Tonkin, qui virent l'aviation américaine bombarder des ports du Nord-Viêt-nam au cours de l'été 1964. Les vues de Hô dans le sens de l'ouverture rencontraient pourtant un écho. Sous le titre « Propositions pour la paix au Viêt-nam », paru dans *Combat* du 24 septembre 1964, le polytechnicien Hoang Xuân Han souhaitait que

10. R. B. Smith, *International History of the Vietnam War*, t. II, *1961-1965*, Londres, Macmillan, 1987, p. 220-221.
11. *Ibid.*, p. 224.

les opinions extrêmes ne tiennent pas les clés du gouvernement, car ce dernier devait provenir d'une assemblée élue. Mais, à l'heure qui allait être celle des traîneurs de sabre, qui pouvait se préoccuper de l'avis d'un authentique savant doublé d'un politicien perspicace et nuancé ? Dans un article paru à Phnom Penh le 2 février 1965, un ancien ministre catholique de Hô Chi Minh, Nguyên Manh Ha, allait pourtant dans le même sens.

Peu influente tant dans les campagnes que dans un appareil forgé à l'école maoïste, la tendance prosoviétique trouvait un indéniable écho chez les spécialistes et les intellectuels, y compris dans l'armée, secteur technologiquement le plus avancé. Certains dirigeants partageaient ces vues, mais restaient cantonnés dans une position individuelle d'objection. Pour avoir maintenu leur point de vue *(bao luu y kiên)*, ils furent écartés des postes de responsabilité qu'ils occupaient, sans être toutefois l'objet de sanctions. Mais l'influence soviétique ne se borna pas à ce courant d'idées. Au fur et à mesure de l'aggravation de leur conflit avec Pékin, dont le point de vue devenait prédominant au Viêt-nam, Moscou tenta de faire prévaloir son optique à Hanoi. En 1963-1964, quelques stagiaires envoyés en URSS pour des études refusèrent ensuite de retourner au pays. Et, parmi eux, un général commissaire politique de division, Lê Vinh Lôc, qui se trouverait encore aujourd'hui en Russie, les autorités ayant refusé de l'extrader.

En 1965, Moscou fit quelques gestes spectaculaires dans le sens d'un renforcement de l'aide militaire et y ajouta un effort de propagande pour soutenir la tendance à une solution négociée. Au milieu de 1966, les Soviétiques estiment déjà avoir assez d'atouts pour laisser entendre en privé que « des dirigeants nord-vietnamiens s'emploient à mettre fin à la suprématie de la fraction prochinoise » et que « l'Union soviétique soutient discrètement leurs efforts[12] ». À la fin de l'été 1966, Radio Hanoi fait état, mais pour les combattre, d'idées favorables à une certaine souplesse politique et à des « concessions visant à éviter les effusions de sang ». En septembre, l'éditorial de la revue officielle du parti des travailleurs annonce le remaniement général des services d'études

12. *China News Analysis*, Hongkong, 9 septembre 1966.

théoriques (dirigés par Hoang Minh Chinh) et la création d'une commission *ad hoc* pour reprendre de fond en comble ce travail « trop inspiré par l'étranger ». Au même moment, les diplomates de Moscou ne se gênent plus pour laisser entendre à leurs interlocuteurs privilégiés que « l'Union soviétique n'est pas sans influence à Hanoi » et se disent disposés à jouer le rôle d'intermédiaires qu'ils avaient toujours affecté de refuser jusque-là.

Georges Boudarel

1965-1975 : guerre ou paix

Georges Boudarel

On peut estimer que l'engrenage des affrontements politiques et diplomatiques finit le plus souvent par exposer les États antagonistes à la confrontation armée. Dans le cas des États-Unis et de la république démocratique du Viêt-nam, on sait aujourd'hui que le choix des instances dirigeantes des deux pays ne s'est pas effectué sans débats révélateurs de profondes divergences de vues. À l'est comme à l'ouest, les partisans de la conciliation et du compromis se sont heurtés à des aveuglements obstinés ou à des partis pris idéologiques.

A posteriori, et si l'on en juge par les occasions manquées de négocier, on est tenté de penser d'une guerre qu'elle aurait pu être évitée. On peut également estimer que l'engrenage des affrontements politiques et diplomatiques finit le plus souvent par exposer les États antagonistes à la confrontation armée. Dans le cas des États-Unis et de la république démocratique du Viêt-nam, on sait aujourd'hui que le choix des instances dirigeantes des deux pays ne s'est pas effectué sans débats révélateurs de profondes divergences de vues. À l'est comme à l'ouest, les partisans de la conciliation et du compromis se sont heurtés à des aveuglements obstinés ou à des partis pris idéologiques.

L'échec de l'opération « Pennsylvania »

Il aura fallu attendre près de trente ans pour qu'en 1990 on apprenne et reçoive confirmation d'une évidence avec la parution des Mémoires de l'ancien secrétaire d'État à la Défense des

États-Unis, Robert McNamara, et de ceux de Raymond Aubrac[1] : des pourparlers de paix auraient pu s'ouvrir pour faire cesser la guerre du Viêt-nam.

Tout démarra lors d'une réunion du mouvement Pugwash, qui regroupe depuis 1957 des scientifiques œuvrant contre le danger nucléaire. Dans ce cadre, Henry Kissinger avait contacté deux personnalités très proches des communistes de Hanoi, Herbert Marcovich et son ami Raymond Aubrac, qui avait offert son domicile à Hô Chi Minh lors des pourparlers de Paris en 1946. Une opération secrète baptisée « Pennsylvania » devait être entreprise par ces deux personnalités pour engager un processus appelé à déboucher sur la paix, mot qui n'était pas prononcé tant il semblait incongru à l'époque.

Washington proposait la suspension ou l'arrêt définitif des bombardements, sur la base d'un engagement du Nord-Viêt-nam à prendre des mesures de réciprocité. McNamara écrit :

> Aubrac et Marcovich arrivèrent à Hanoi le 21 juillet [1967]. Hô Chi Minh était malade, mais il accepta de voir son vieil ami Aubrac. Les deux Français rencontrèrent ensuite le Premier ministre, Pham Van Dong, pour de très longues discussions. Quand ils eurent exposé leur proposition, le Premier ministre répondit : « Nous voulons un arrêt sans condition des bombardements. S'il se produit, il n'y aura pas d'autre obstacle aux négociations. » Il était manifestement très désireux de garder le contact, et il suggéra à Aubrac et Marcovich de lui adresser leurs futurs messages par l'intermédiaire du consul général du Nord-Viêt-nam à Paris, Mai Van Bô[2].

L'enjeu était d'importance. Après tant de décennies d'un colonialisme, prétendument ambigu, qui n'avait pas apporté un embryon de démocratie au Viêt-nam, il s'agissait en fait de mettre en place un système démocratique qui donnerait sa place à la grande diversité des Vietnamiens. Celle-ci était mal camouflée par l'uniformité de leurs discours antagonistes, forgée depuis les années 20

1. R. McNamara, *Avec le recul*, Paris, Le Seuil, 1996, p. 286. Confirmé par R. Aubrac, *Où la mémoire s'attarde*, Paris, Odile Jacob, 1996.
2. *Ibid.*, p. 286.

et 30. Mais Hô Chi Minh, malgré son adhésion à la ligne théoriquement radicale de la révolution communiste, ne cessait de préconiser un dialogue débouchant sur la réalité contradictoire de la démocratie. Par contre, Washington, qui misait depuis 1954 sur la carte des extrémistes de droite dans le Sud, de Ngô Dinh Diêm à Nguyên Van Thiêu, ne paraissait pas conscient de la diversité politique du Viêt-nam. C'est ce qui ressort de la lecture des Mémoires de McNamara. On n'y trouve aucune mention des personnalités éclairées et tolérantes de la scène parlementaire, pas même d'Au Truong Thanh ou de Truong Dinh Dzu, tous deux partisans d'un compromis.

Pourtant, Washington n'était pas sans se rendre compte que la seule solution possible passait par le compromis. McNamara reconnaît aujourd'hui avoir partagé le point de vue du secrétaire d'État Averell Harriman, qui allait dans ce sens : « Nous devons nous faire à l'idée que la seule façon de régler la question est d'avoir un gouvernement de coalition ; nous ne pouvons pas l'éviter[3] », aurait-il affirmé à ce dernier en 1967. La première base de la démarche ultrasecrète initiée par Kissinger s'avéra donc positive, en ce mois de juillet ; mais la suite le fut moins. Après diverses hésitations de Washington, le canal qui avait été ainsi ouvert fut définitivement fermé le 20 octobre 1967, lorsque Mai Van Bô refusa de recevoir Aubrac et Marcovich : « Il n'y a rien de nouveau à dire. La situation se dégrade, il n'y a aucune raison de discuter. » Telle fut la fin de « Pennsylvania ». Mais l'initiative avait posé les bases des négociations de 1968[4].

Erreur des États-Unis, sans aucun doute, mais aussi variations et contradictions larvées dans la ligne de Hanoi, qui auront d'autres prolongements, en particulier sur le plan stratégique. L'engagement de pourparlers à cette date aurait pu épargner aux Vietnamiens un, voire deux ou trois millions de morts. Comment expliquer ces réticences ? Bien que celles-ci n'aient jamais été ouvertement reconnues, elles se lisent déjà assez clairement entre les lignes des textes publiés à l'époque. Aujourd'hui, la fuite

3. McNamara, *op. cit.*, p. 289.
4. *Ibid.*, p. 291.

relativement récente de documents internes vers l'étranger, où ils sont imprimés dans des périodiques vietnamiens dissidents, voire anticommunistes, achève d'éclairer la question.

Divergences et silences

Entre 1965 et 1968, deux généraux communistes ont développé leurs idées divergentes, sous des pseudonymes significatifs. Trân Dô, qui signait Cuu Long (Mékong), mettait surtout l'accent sur la guérilla locale et le facteur politique. Nguyên Chi Thanh, qui signait Truong Son (cordillère du Viêt-nam), insistait avant tout sur l'affrontement militaire au moment où, au nom du maoïsme qu'il admirait, il préparait sur Saigon un coup d'infiltration armée, à la façon de Trotski et de Lénine à Saint-Pétersbourg en octobre 1917. Ces textes parus officiellement dans la presse de Hanoi ont été rassemblés et publiés par un chercheur américain qui en avait saisi l'intérêt[5]. Rien ne saurait mieux traduire la complexité du jeu politico-militaire et la relative démocratie qui s'exprime en termes voilés à Hanoi.

Il ressort du débat qu'après l'intervention massive des États-Unis au Sud en 1965 Giap préconisait un retour aux tactiques de guérilla. À l'inverse, Nguyên Chi Thanh appelait à de larges offensives avec l'appui de l'armée du Nord. Il considérait que revenir à des modèles de lutte dépassés relevait d'un certain défaitisme. Alors qu'à Hanoi la ligne se discute à mots couverts mais assez clairs pour les spécialistes, Trân Dô et Nguyên Chi Thanh, qui sont loin de partager les mêmes vues, sont tous deux sur le terrain pour préparer la fameuse offensive du Têt de 1968 sur Saigon. Le second dut se replier sur Hanoi, où il mourut le 6 juillet 1967, à cinquante-trois ans, usé par une vie de militantisme acharné. Trân Dô, en revanche, participa aux combats, où il fut donné pour mort. À tort[6].

5. Patrick McGarvey, *Visions of Victory. Selected Vietnamese Communist Military Writings 1964-1968*, Stanford, Californie, Hoover Institution on War, Revolution and Peace, 1969, p. 276. L'ouvrage repose sur les textes de ces deux auteurs, mais aussi sur ceux de Giap, Van Tiên Dung et Chiên Binh.
6. *The Times*, 14 février 1968.

Cette offensive du Têt de 1968, déclenchée après des préparatifs insuffisants, coûta des pertes épouvantables aux forces révolutionnaires du Sud, mais eut tant de retentissement qu'elle permit d'ouvrir les négociations à Paris. Si l'on en croit la rumeur, elle fut décidée au plus haut niveau, par Van Tiên Dung, Lê Duân et Nguyên Chi Thanh. Le général Giap était plus que réservé vis-à-vis de cette opération, si l'on en juge par les propos ambigus qu'il tint à la journaliste italienne Oriana Fallaci, en 1968. Il lui affirma que le Nord n'avait rien à voir avec cette campagne militaire décidée par le front du Sud. Dans ce cas précis, ce n'était pas de sa part un double langage de propagande. En tant que soldat, il mettait l'accent sur l'aspect politique du problème : « La guerre du Viêt-nam n'est pas seulement une affaire militaire. » Ses propos furent censurés par le service de presse, qui remit à la journaliste un « texte officiel » de cette interview. Toutes les réserves à demi formulées ou sous-entendues dans le dialogue y étaient gommées[7].

L'affaire Hoang ou l'affaire Hô ?

Si les coïncidences de dates ont parfois un sens, il est capital, car révélateur, de relever celles de l'été et de l'automne 1967 à Hanoi. Alors qu'Aubrac et Marcovich y arrivaient le 21 juillet, au cours du même mois eurent lieu les premières arrestations de personnalités impliquées dans ce qu'on appelle l'« affaire Hoang Minh Chinh », qui fit un bruit énorme dans les coulisses des hautes sphères du Parti communiste. Les premiers disparus furent le général Dang Kim Giang, qui avait dirigé la logistique de Diên Biên Phu avant de devenir secrétaire d'État aux Fermes collectives ; Hoang Minh Chinh, directeur de l'Institut de philosophie, avec qui nous avons déjà plusieurs fois cheminé ; Trân Minh Nghia, secrétaire adjoint du Parti à Hanoi ; et le colonel Lê Trong Nghia, directeur du département des renseignements militaires, pour ne citer que les noms les plus révélateurs.

La volatilisation de toutes ces éminentes personnalités ne

7. Oriana Fallaci, *Témoignage sur le Nord-Viêt-nam*, Sablé-sur-Sarthe, Imprimerie Coconnier, 1969. Voir p. 51-52 et 61.

pouvait passer inaperçue, même en opérant les arrestations de nuit ! Des rumeurs d'espionnage, de trahison, de tentative de coup d'État se répandirent aussitôt, diffusant un climat de suspicion et de peur d'autant plus angoissant que la purge se poursuivit. L'avant-veille du 20 octobre, où, à Paris, Mai Van Bô refusait de recevoir Aubrac et Marcovich sous prétexte qu'il n'avait plus rien à leur dire, la police avait opéré une descente de nuit chez l'ancien secrétaire personnel de Hô Chi Minh, Vu Dinh Huynh, celui-là même qui avait joué un rôle clé et décisif à ses côtés lors de la révolution. Huynh fut embarqué menottes aux mains. Son épouse, qui ne pouvait en croire ses yeux, se rendit à la prison centrale de Hoa Lo, où elle se heurta à un cerbère féminin qui lui dit de s'adresser aux services de la Sûreté et du ministère de l'Intérieur. Ce qu'elle fit le lendemain, sans plus de résultat. Puis son fils Vu Thu Hiên fut arrêté la veille de Noël, le 24 décembre, qui se trouvait être un dimanche. Comme il sortait à vélo, un agent de liaison qu'il eut de la peine à identifier lui dit venir sur-le-champ à la rédaction du mensuel *Viêt-nam illustré*, pour une mission urgente. Peut-être servir de guide à des étrangers en visite ? Comme il se posait la question, un command-car stoppa pile à côté d'eux. Les deux hommes qui en descendirent lui intimèrent l'ordre de monter dans le véhicule. L'aimable agent de liaison troqua alors son sourire engageant contre une mine renfrognée, pour ajouter : « Allez ! Que ça saute ! T'as pas à tergiverser ! » Direction la prison.

Une trentaine de personnalités connues, clairement identifiées, furent ainsi kidnappées par le service d'organisation du Parti, dans le second semestre de 1967, sans aucun mandat d'arrêt. Après un passage à la prison centrale, elles furent expédiées dans des camps spéciaux, notamment celui de Bât Bat au pied du mont Ba Vi, près de Son Tây. Aucun contact, aucune visite, aucun échange de messages, mais par contre des interrogatoires et des autocritiques. Après leur libération, vers 1975, la plupart furent placées en résidence surveillée en province. Il n'est pas exclu que ces « détenus »-là aient bénéficié de sympathies discrètes au plus haut niveau.

Y eut-il tentative de coup d'État de la part du général Giap, comme on l'a écrit dans des textes fantaisistes[8] ? Rien ne permet de répondre avec certitude dans un sens ou dans l'autre. Les motifs des arrestations sont, par contre, indirectement exposés par l'adoption d'une nouvelle mesure législative en octobre 1967. Le 30 de ce mois, le président de l'Assemblée, Truong Chinh, signe une « loi de répression des crimes contre-révolutionnaires », qui vise indéniablement les services de renseignements des pays socialistes car elle ne se contente pas de mentionner les organes homologues des pays impérialistes et assimilés. L'article 3 définit le « crime de trahison » dans un sens très général comme l'« intelligence avec une puissance étrangère pour porter atteinte à l'indépendance et à la souveraineté nationale ». L'article sur le délit d'espionnage, encore plus explicite, mentionne la « livraison de secrets de l'État ou de secrets militaires aux impérialistes et à leurs valets, ou aux services de renseignements d'une puissance étrangère, ainsi que la réception de directives d'un pays étranger, la collecte et la fourniture d'informations et de documents ne relevant pas du secret d'État mais permettant à un pays étranger de porter atteinte aux intérêts de la république démocratique du Viêt-nam ».

Les articles 7 et 9 portent respectivement sur la « subversion » et le délit de « fuite à l'étranger ». Cette loi ayant été adoptée au lendemain des arrestations alors que sont en cours les préparatifs de la grande offensive du Têt de 1968, les autorités attendront avril de l'année suivante pour la faire paraître dans la revue théorique du Parti *Hoc Tâp*, où sa présence sonne comme un avertissement.

Tous ces incarcérés refirent surface aux alentours de 1975, pour finir leurs jours dans l'amertume d'un total anonymat. Ils ne furent jamais réhabilités. Pas même jugés, leur condamnation décidée par Lê Duc Tho s'avérant plus forte que les stipulations de la Constitution ou des lois. Seuls réapparaîtront, l'espace d'un jour, dans la presse, les noms des anciens collaborateurs de Giap, qui les cita pour l'anniversaire de Diên Biên Phu le 7 mai 1989. Dans l'édition dirigée par Bui Tin, sous le titre « La décision la plus difficile à prendre », il expliquait comment, le 14 janvier 1954, il avait écarté

8. V.G., J.-L. Arnaud, « Les deux coups d'État manqués du général Giap », in *Le Matin*, 27-28 octobre 1979.

le plan des conseillers chinois qui voulaient attaquer la place par l'ouest, en une vague d'assauts rapides de quelques jours, certainement voués à l'échec comme un an plus tôt à Nasan. Et de nommer alors Lê Liêm commissaire politique. Dang Kim Giang commandant de la logistique, Lê Trong Nghia directeur du renseignement.

Depuis la fin des années 80, les textes relatifs à cette affaire se sont multipliés dans les revues de la diaspora, en particulier dans *Diên Dan (Forum)* à Paris. Curieusement, les partisans de l'ex-gouvernement de Saigon ont accordé peu d'importance à cette forme de dissidence, dont le succès aurait pu sauver leurs amis politiques en débouchant sur un compromis, certes difficile à établir. *Forum*, dans son n° 10 de 1993, fournit l'exposé le plus détaillé qui soit des vues de ce groupe, ainsi que la liste de ses vingt-sept membres les plus connus, dans le cadre d'un long message de Hoang Minh Chinh. Ce dernier dissipe les obscurités du texte de la fameuse IXe résolution votée dans l'hiver 1963-1964, malgré l'opposition d'une dizaine de participants et l'abstention de Hô Chi Minh ; excédé, l'Oncle, on l'a dit, était sorti dans la cour pour fumer au moment du vote.

Le texte entériné contenait des passages codés, dont Truong Chinh dévoila le secret à quatre cents personnes en janvier 1964 : « La IXe résolution ne peut coucher noir sur blanc tout ce qu'il faut dire. Il faut bien voir que, sur le fond, elle ne peut être diffusée qu'oralement. À savoir : la ligne de notre parti est sur l'essentiel la même que celle du Parti et de l'État chinois. » Et Lê Duc Tho vint ensuite apporter cette précision : « Le combat contre le révisionnisme moderne, nous laissons au Parti communiste chinois le soin de le mener sur le plan théorique. Quant au plan de l'organisation, nous nous en chargeons. » Tout le débat a sa source dans l'opposition de Mao Zedong à la critique du stalinisme émise par Khrouchtchev au XXe congrès du Parti communiste soviétique, en février 1956. Khrouchtchev estimait alors possible un passage au socialisme par la voie pacifique. Pour Mao, c'était du « révisionnisme moderne ». Le Grand Timonier jugeait la guerre, fût-elle sous sa forme atomique, inéluctable, en raison même de la lutte mondiale des classes.

Hoang Minh Chinh s'attarde sur cette controverse sino-soviétique, qui semble aujourd'hui dater de la préhistoire. Il a des motifs légitimes. Pour s'être opposé par écrit à l'orientation maoïste de la IXe résolution, il fut révoqué de toutes ses fonctions, puis interné dans un camp spécial, sans le moindre débat devant un tribunal. Toutes ces décisions venaient d'un seul individu, Lê Duc Tho, responsable de la commission d'organisation du Parti communiste, qui, agissant au mépris du texte de la Constitution, lui fit passer, en deux séjours, d'abord onze ans en prison, puis neuf autres en résidence surveillée, pour avoir osé protester contre une décision fondamentalement illégale[9]. Cette répression impitoyable exercée contre Hoang Minh Chinh exprimait en fait une opposition à la ligne de Hô Chi Minh. Les malheurs du secrétaire personnel de ce dernier, Vu Dinh Huynh, sont là pour en témoigner. À l'âge de quatre-vingt-trois ans, il les a exposés, le 28 novembre 1987, dans une lettre au secrétaire général du Parti communiste.

> Engagé dans l'action révolutionnaire depuis 1923, écrit-il, membre de l'Association des jeunes camarades révolutionnaires dès 1925, puis du Parti communiste en 1930, j'ai été arrêté par les colonialistes, qui m'ont interné à Son La. Après le congrès national de Tân Trao en août 1945, j'ai été longtemps le secrétaire particulier du président Hô. Après le retour de la paix, j'ai été chef du protocole du ministère des Affaires étrangères et de la commission de contrôle du gouvernement, jusqu'à ma retraite en 1964. En octobre 1967, j'ai été arrêté et par la suite [1972] exclu du Parti pour menées « anti-Parti et révisionnisme prosoviétique », et de ce fait maintenu en détention jusqu'en 1973, puis en résidence surveillée à Nam Dinh jusqu'en 1976.

Après avoir rappelé qu'il s'était opposé par les voies légales à l'adoption du maoïsme en 1964, il ajoute :

> Le VIe congrès a procédé à une sévère évaluation de notre politique intérieure et extérieure, mais sans opérer la moindre réflexion sur les graves erreurs de la IXe résolution (1963-1964).

9. Lettre adressée aux plus hautes autorités légales de la république socialiste du Viêt-nam, le 27 août 1993. Traduction française intégrale parue dans *Forum*, n° 10, décembre 1993, p. I à IV.

Il réclame en conclusion la constitution d'une commission habilitée à réexaminer toute cette affaire. Cette commission n'ayant jamais vu le jour, sa veuve, Pham Thi Tê, écrivit une lettre à un haut membre du Parti le 19 mai 1995 pour poursuivre la défense de son mari. Elle y fait cette remarque qui confirme le propos de Nguyên Van Trân dans le livre qu'il est alors en train de rédiger : « Huynh, écrit-elle, savait trop de choses sur Tho [Lê Duc Tho], et ce fut son malheur. » Lui aussi savait donc que Tho voulait écarter Hô Chi Minh de la direction de l'État. Et toute cette vague d'arrestations ne visait pas tant des espions ou des comploteurs que des militants qui entendaient mettre en œuvre l'axe stratégique de l'oncle Hô, lequel souhaitait vraiment un compromis pour mettre un terme à une guerre qui avait déjà trop fait couler de sang.

Après 1965, la mauvaise santé de Hô Chi Minh a restreint ses activités, sans lui ôter sa lucidité. Mais ses avis perspicaces étaient tenus secrets, au nom des grands principes, pour mieux être mis au panier. Lorsque Moscou envahit la Tchécoslovaquie dans l'été 1968, l'approbation de Hanoi lui fut donnée à l'encontre des vues de l'Oncle, si l'on en croit le rénovateur communiste J. Pelikan : « D'après des sources dignes de foi, Hô Chi Minh, qui était alors alité et ne participait pas de ce fait aux réunions du Bureau politique, aurait recommandé à ce dernier de ne pas prendre position dans ce conflit. » Le secrétaire général Lê Duân aurait escamoté ce document et réussi à faire prévaloir la ligne prosoviétique, malgré la résistance de certains membres de la direction. « Ceci marquait le début d'une nouvelle orientation du Parti, qui devait aboutir au conflit avec la Chine et à l'occupation du Cambodge[10]. »

Étrangement, le Parti communiste vietnamien présente alors une analogie plus que paradoxale avec son homologue, situé aux antipodes à tous points de vue, en Bohême. Au pays de Jean Hus, l'opinion caricaturait la ligne officielle à travers une anecdote sur les embouteillages dans les artères de Prague : pourquoi ne peut-on plus circuler dans la capitale ? La réponse est simple : pour éviter

10. J. Pelikan, *Connexion des conséquences internationales du printemps de Prague*, colloque des 22-23 octobre 1981, texte ronéoté, p. 9. Un regard rétrospectif sur les dates (1968-1979) montre que Hô voyait loin.

les contradictions, le Bureau politique a pris cette décision géniale : une moitié des voitures rouleront à droite et l'autre à gauche. Le comble est qu'en dépit de ces non-sens hérités du système totalitaire le Viêt-nam rouge arrivait quand même à circuler sur la piste Hô Chi Minh dans le sens nord-sud. Pourquoi ? Par patriotisme, sans doute.

Langue de bois, « puèmes » et montres folles

Dans son étude sur la situation de l'intellectuel dans les démocraties populaires, Czeslaw Milosz écrivait en 1952 : « Un grand nombre de membres du Parti haïssent le système mais, de même que les sans-parti, ils sont soumis à un dédoublement intérieur qui les rend inclassables selon les critères occidentaux. De gré ou de force, il faut renoncer à oui est oui et non est non[11]. » Un étrange poète vietnamien polyglotte, Vu Cân, alors rédacteur en chef de l'organe de propagande officielle, a fort bien condensé la question dans un de ses écrits qu'il a baptisés « puèmes », car ils portent sur tout ce qui pue. Ces quelques vers, aussi amers que clairvoyants, éclaircissent le problème sans avoir besoin de recourir à la psychanalyse. Ils datent précisément de 1965 :

Ivresse
Comment se fait-il que j'aie deux moi ?
Un moi qui rit
Un moi qui pleure
Comment se fait-il que j'aie deux moi ?
Un moi qui parle
Un moi qui agit
Comment se fait-il qu'il y ait deux vérités ?
Une vérité dorée sur tranche
Une vérité toute nue
Qui n'est tout simplement que la vérité[12].

11. *France-Asie*, n° 72, mai 1952, p. 144.
12. Édition clandestine, à compte d'auteur.

Dédoublement de l'individu, drame, déchirement, quel mot peut désigner cette blessure d'autant plus pénible qu'elle doit surtout être dissimulée ? Parmi les « amis » qui se rendirent dans la capitale de la république démocratique du Viêt-nam aux heures les plus sombres de l'escalade, nul n'a mieux ressenti que Susan Sontag, ni exprimé avec plus de nuance, ce divorce entre la langue de bois et la réalité psychologique ; l'essentiel de son *Voyage à Hanoi*[13] lui est consacré :

> L'accueil réservé à l'invité me surprenait - à cet invité si étranger qui pouvait être, après tout, l'ennemi. Puis il y avait le langage, comme s'ils n'utilisaient pas les mots de la même façon ; je m'efforçais, sans doute, de m'exprimer à une cadence plus lente, de simplifier mes phrases, tandis qu'entre l'interlocuteur et moi s'interposait l'interprète [...] ; cependant, quand j'avais affaire à quelqu'un qui parlait anglais ou français, cette impression persistait : nous utilisions un langage enfantin. Et n'étais-je pas devenue une enfant, contrainte de se plier à un emploi du temps ? On me guide, on m'explique, on est aux petits soins pour moi ; je suis choyée, on me surveille avec bienveillance. Et si encore j'étais seule, mais je fais partie d'un groupe d'enfants qu'entourent nos quatre Vietnamiens du Comité de la paix, qui nous servent de nurses et de maîtres. J'essaie de découvrir en quoi ils diffèrent ; lorsque je n'y parviens pas, j'ai soudain peur qu'ils ne voient pas ce qui fait de moi un être singulier. Je me surprends à vouloir leur faire plaisir, à tenter de produire une bonne impression, bref je cherche à obtenir les meilleures notes de la classe.

Allant plus loin dans son analyse, elle en viendra à dire : « Je leur expliquais que leur révolution était desservie par leur langage [...]. Vers le cinquième jour, j'étais sur le point de tout abandonner, saisie de dégoût devant moi, ou prise de vertige devant la réalité insaisissable des Vietnamiens. » Susan Sontag, qui les admire pour leur combat, leur savoir-vivre, leur délicatesse, tout en restant décontenancée par le ton officiel répétitif de leur langage, en vient, au cours de ce bref contact, à soulever des questions de fond à propos du Parti communiste. Après avoir mentionné « les crimes

13. Susan Sontag, *Voyage à Hanoi*, Paris, Le Seuil, 1969. Voir p. 20-22, 59, 101, 103 et 106.

les plus connus commis par le gouvernement actuel, par exemple la persécution du petit Parti trotskiste et l'exécution de ses chefs en 1946, les brutalités, les injustices que certains hauts fonctionnaires admettaient récemment », elle relève la situation paradoxale des personnes avec qui elle est en contact :

> Plusieurs Vietnamiens n'hésitèrent pas à me parler des dangers d'un parti unique [...]. Cette conception du Parti ne saurait écarter tous les abus, mais elle n'exclut pas non plus la possibilité que le système fonctionne humainement et, en général, fasse preuve d'un véritable esprit démocratique [...] Quoi qu'il en soit, j'ai remarqué que l'on invoquait la démocratie au Nord-Viêt-nam beaucoup plus souvent que dans tout autre pays communiste que j'ai visité, y compris Cuba.

Un monument sans fondations

Dans les divergences passées sous silence, le comble de la falsification sera atteint avec le testament de Hô Chi Minh, qui en avait commencé la rédaction en mai 1965, ainsi qu'en témoignent les souvenirs publiés en 1989 par son secrétaire de l'époque, Vu Ky[14].

Comme il eut lieu le jour même de la fête nationale, le 2 septembre 1969, à 9 heures 47, le décès du président fut « décalé » de vingt-quatre heures, pour ne pas endeuiller cette date anniversaire de l'indépendance. Il fallut attendre une bonne quinzaine d'années et le repli clandestin du maoïste Hoang Van Hoan sur Pékin pour que celui-ci finisse par révéler : « Lê Duân a falsifié le testament du président Hô Chi Minh[15]. » Avant le décès, fait-il savoir, le Bureau politique avait désiré avoir une dernière discussion avec l'Oncle. Le secrétaire général rejeta cette idée, en déclarant que Hô se trouvait dans un état de confusion mentale et que ses paroles étaient incohérentes. « La mort survenue, il fit connaître un texte de trois ou quatre pages signées par Hô et par lui-même, en disant

14. Vu Ky, *Bac Hô viet di chuc (L'oncle Hô écrit son testament)*, Hanoi, 1989.
15. *Beijing Information*, n° 37, 14 septembre 1981, p. 12-14.

qu'il s'agissait là du testament de l'Oncle, texte qui fut ensuite publié avec une seule signature, celle de Hô. »

Cet article, qui manque de données précises - et pour cause ! -, revient en fait à accuser le secrétaire général de révisionnisme pro-soviétique, en rappelant au passage la condamnation de ce dernier par la fameuse IXe résolution de l'hiver 1963-1964. Il n'en a pas moins soulevé un lièvre de très grosse taille, dont on dut discuter à huis clos dans les plus hautes sphères. Officiellement, en tout cas, depuis le 19 mai 1970, un concours avait été organisé pour réaliser exactement le contraire des dernières volontés de Hô, dont le corps avait été embaumé par des spécialistes venus d'URSS. Sous prétexte de mieux l'honorer, on se propose de construire un gigantesque monument funéraire qui n'a absolument rien de viêt, même si l'on écrit le contraire dans l'espoir d'entretenir une impossible illusion d'optique.

L'inauguration est prévue pour le 2 septembre 1975[16]. Que d'événements survenus entre-temps ! Mais toujours rien, à cette date, sur les dernières volontés de Hô. Il faudra encore près de quinze ans pour que la vérité se fasse jour. Ce sera le 2 septembre 1989, dans l'organe du Parti communiste. On y apprend que l'Oncle exprimait le souhait d'être incinéré et demandait que ses « cendres soient mises dans trois vases en céramique », pour être enterrées respectivement dans le nord, le centre et le sud du Viêtnam, sur trois collines plantées d'arbres. Si le Comité central a décidé, au contraire, d'embaumer le corps et de l'exposer dans un mausolée, c'est afin que « nos compatriotes et nos amis de l'étranger aient une chance de lui rendre visite ».

Dans ce testament, Hô refusait également toute stèle ou statue. Enfin, le président avait souhaité, avant sa mort, que les paysans soient exonérés de tout impôt une fois finie la guerre contre le régime de Saigon et ses alliés américains. À l'époque, ce vœu n'avait pu être exaucé « faute de conditions adéquates » mais, selon un communiqué du Bureau politique publié dans *Nhân dân* du 19 août 1989, sa réalisation était à l'étude. Or, à ce jour, aucun

---

16. Nguyên Vinh Long, « Le mausolée du président Hô Chi Minh », in *Le Courrier du Viêtnam*, nº 40, septembre 1975, p. 10-11.

changement n'est intervenu. Certains proches de l'Oncle, notamment le général Trân Dô, si l'on en croit la rumeur, jugent désormais qu'il serait bon de passer à l'acte pour mettre en œuvre les dernières volontés du fondateur de la république démocratique. À l'heure qu'il est, on parle de plus en plus de réconciliation entre les Vietnamiens ; si l'on en juge par ses actes, c'est là une perspective dont Hô Chi Minh semble bien avoir toujours rêvé, même si cela n'allait pas sans certaines contradictions, et dans son esprit et dans ses rapports avec ses propres camarades.

Il est de mode, aussi, de disserter - souvent en langue de bois - sur les idées de l'Oncle en employant une formule de style très maoïste qui doit résonner fort mal aux oreilles de ce pragmatique qui s'employa à jouer tant sur l'esprit extrême-oriental que sur le rationalisme à l'occidentale. Sans tenter d'aborder cette question qui réclamerait trop de recherches, ne pourrait-on pas dire que la préface ou l'avant-propos à cette vaste étude consisterait déjà dans la mise en œuvre très concrète des trois travaux de jardinage et de reboisement dont avait rêvé Hô à la veille de sa mort ?

Un pas en avant, deux pas en arrière

En 1945, l'enseignement supérieur vietnamien n'était qu'un embryon rachitique. Ses quelques disciplines, le droit, la médecine et l'agriculture, à leur stade le plus élémentaire, étaient entièrement enseignées en français. Il fut ainsi formé deux cent quarante médecins autochtones[17], et personne ou presque dans le domaine des sciences, des mathématiques et des techniques. Le polytechnicien Hoang Xuân Han s'était entièrement consacré à la rédaction d'un dictionnaire des termes scientifiques, qui permettra de lancer, après 1945, un enseignement universitaire en langue nationale. Dès 1950, dans les zones viêt-minh, se sont ouverts les premiers établissements supérieurs utilisant le *quôc ngu*, pour les études de médecine chirurgicale, sur un affluent de la rivière Claire, avec un institut de pédagogie non loin de là.

17. *Indo-China*, Naval Intelligence Division, 1943, p. 109.

De retour dans la capitale, le gouvernement entend promouvoir la langue nationale grâce aux nouveaux professeurs formés en URSS pendant la guerre. Sur l'ancien emplacement des foires et expositions, un assemblage de poutres dresse au grand jour un amphithéâtre dont les gradins de bois accueillent un public heureux d'applaudir les troupes formées dans les maquis et les professionnels venus d'Union soviétique, de Chine ou d'Europe de l'Est. Juste à côté, divers anciens locaux réaménagés vont abriter une « université populaire » qui enseigne le marxisme-léninisme, organise des travaux manuels et des séances sur la réforme agraire. Le sentiment national s'y exalte, au pas bancal de la lutte des classes. Dans la banlieue surgit du sol un monde universitaire spécialisé, tout neuf, dont l'enseignement polytechnique *(bach khoa)* forme le joyau. Des experts étrangers aident les aspirants au doctorat à mettre au point leurs cours, toujours professés en langue nationale. Dans cet univers scientifique, l'idéologie fait alors tache d'huile dans tous les domaines, y compris celui qui lui est le plus allergique : les mathématiques.

Des écoles d'ouvriers-paysans ont été ouvertes pour permettre aux jeunes les plus défavorisés d'accéder au niveau supérieur. Cette orientation sociale apparemment très positive camoufle un virus ultradogmatique : la prime absolue à l'origine de classe. Le critère numéro un d'élimination ou d'admission n'est ni le savoir ni la compétence : le fils de gros bourgeois est écarté d'office, au bénéfice des enfants de manuels ou de révolutionnaires. Le professeur Lê Van Thiêm tente d'enrayer l'épidémie idéologique avec le soutien d'un authentique scientifique, nommé ministre de l'Enseignement supérieur en 1965, Ta Quang Buu.

Les responsables idéologiques, Tô Huu et ses adjoints Trân Quang Huy et Trân Tong, mènent le combat contre les mathématiciens déviationnistes et gagnent la première manche en obtenant une réorganisation qui écarte les tenants du « point de vue bourgeois ». L'intervention de Ta Quang Buu en 1965 permet toutefois aux experts de gagner la seconde manche. Organisant le repli de tout le supérieur dans les campagnes, le ministre contourne l'offre de la Chine qui souhaitait le voir s'installer en bloc sur son territoire. Avec le soutien de Pham Van Dông et de Giap, Ta

Quang Buu évacue à la campagne ses établissements, en crée de nouveaux et prolonge d'un an la durée des études.

> Grâce à lui, écrit un professeur dissident, le Viêt-nam se classa parmi les premiers pays du tiers-monde pour le nombre de ses diplômés, avec une proportion comparable à celle des pays industrialisés [...]. Contrairement à ce qui se passait dans les années 1957-1958, dominées par le maoïsme, les études théoriques trouvèrent de nombreuses applications civiles et militaires. Un physicien, avec son équipe, grâce à des ultrasons, détruisit des torpilles américaines qui bloquaient le ravitaillement du Viêt-nam par voie maritime. Les écoles de médecine élaborèrent de nouveaux traitements pour les maladies. Le professeur Tôn Thât Tung fut invité à faire des conférences sur une méthode originale de chirurgie du foie. Le professeur Lê Thê Trung mit au point un traitement contre les méfaits causés au corps humain par les bombes au napalm[18].

L'entrée de Tô Huu au Bureau politique en 1975 permit cependant d'écarter Ta Quang Buu du ministère de l'Enseignement supérieur et de créer ainsi un cadre plus favorable au « politiquement correct ». Mais cette nouvelle camisole ne put toutefois entraver l'action d'esprits audacieux comme Phan Dinh Diêu. Ce promoteur de l'Institut d'informatique s'aventurait, à ses risques et périls, dans des terrains minés fort éloignés de son champ professionnel. Député, n'avait-il pas eu l'audace de demander la démission de Lê Duân ? Ajoutons qu'il n'a pas été réélu.

Vers l'arrêt des montres folles ?

À la mort de Hô Chi Minh, en septembre 1969, Viêt Phuong, le secrétaire personnel de Pham Van Dông, écrit pour rendre hommage à l'Oncle un poème qui n'est pas sans analogie avec le « dîner de têtes » de Prévert. Son texte élimine l'Homme tout en majuscules, *NGUOI*, le génie tutélaire de la nation, pour mieux exalter

18. B. H. Nguyên, « Enseignement supérieur et idéologique du Viêt-nam », in *Églises d'Asie*, n° 153, avril 1993.

l'homme en minuscules, tout simple, au ras du sol. Un mois plus tard, cet étrange troubadour, venu tout droit de la haute politique, présente aux éditions littéraires un recueil du même cru, intitulé *Cua Mo (Porte ouverte)*, dont le non-conformisme idéologique et artistique va provoquer d'affreux courants d'air dans les plus hauts étages des résidences supérieures de la bureaucratie.

Dès que *Porte ouverte* sortit des presses, au Têt de 1970, de bons esprits se hâtèrent de dire que « ce recueil faisait problème ». Dix-huit ans plus tard, en 1988, un critique écrira :

> Faire problème, cet euphémisme était alors annonciateur des pires catastrophes. Le quidam qui osait demander : « Mais où est le problème ? » ne recevait qu'une réponse des plus vagues : « En haut lieu, on soulève des questions. » En haut lieu, ça veut dire qui ? Et l'un de nommer A, l'autre de nommer B. Certains épinglaient un mot « erroné », d'autres une ligne trop plate, ou soulevaient un *thac mac*, autrement dit un grief ou un malentendu qu'ils citaient aussitôt : « En clair, qu'est-ce que ce baratin veut dire[19] ? »

Pham Van Dông partageait-il les vues de son secrétaire ? Il est permis de se poser la question, car il le défendit en coulisse quand il fut cloué au pilori. Mais que devint ce recueil ? Difficile à dire dans le clair-obscur de l'information écrite. Le fait est qu'il se volatilisa. Il fut retiré de la vente, pour aller au pilon, au moment où deux de ses sentences iconoclastes se transformaient en proverbe chez tous les Hanoïens dégagés de l'analphabétisme idéologique, en dehors même des cercles professionnels de l'horlogerie et de l'astronomie :

> C'est sûr, la montre soviétique vaut cent fois la montre suisse, [...]
> La lune in China est bien plus ronde qu'aux USA.

L'auteur ne fut pas ouvertement sanctionné, mais simplement écarté de ses fonctions pendant des années. Il fut (mal) payé à ne rien faire pendant que tournait le vent dans les esprits, avant de finir par être réintégré dans son poste de conseiller au plus haut niveau. En 1988, la réédition de son recueil s'accompagna de révélations discrètes sur l'existence d'autres poèmes que l'on

---

19. Hoang Minh Châu, *Van Nghê*, 17 décembre 1988.

souhaitait voir éditer. Mais ceux-ci devaient sans doute trop sentir le soufre ; ils dorment encore dans quelque tiroir et on ne peut que le regretter. Reste l'essentiel. Aujourd'hui, Viêt Phuong a retrouvé sa place dans l'appareil gouvernemental de Hanoi. Pour tant d'ombres par ailleurs, cette présence luit comme un rayon d'espoir. Elle révèle l'existence du sens critique dans la pénombre des coulisses.

Est-il pensable que le Viêt-nam communiste de demain s'engage dans la voie d'un vrai changement, une mutation en profondeur ? Autrement dit amorce un tournant politique ? Au risque d'être taxé d'utopisme, je suis tenté de dire oui. Un regard rétrospectif attentif sur l'histoire y révèle certes de sévères combats de nomenklaturistes sans pitié, avec leurs kyrielles d'incarcérations, mais n'en a-t-il pas été de même partout à l'heure des grandes mutations ? Les chocs violents de la machine révolutionnaire de Hanoi ne révèlent pas de conflits aussi durs que ceux qui ravagèrent tant l'Angleterre de Cromwell que l'Hexagone déchiré par la Révolution française.

Dans sa brillante étude sur *Le Viêt-nam entre deux mythes*, Claude Palazzoli avait vu le drame : après avoir porté le Nord-Viêt-nam trop haut, on le jetait trop bas[20]. Dans le Hanoi totalitaire, les déchirements assourdissants qui ont semblé tout couvrir ont toujours laissé une place - certes bien exiguë - pour les cris du moi dans le champ littéraire ou politique. Le poète maudit Trân Dân réussit, en 1970, à faire paraître des poèmes dans le journal du Parti communiste, en les attribuant à une prétendue ouvrière baptisée Ly Phuong Liên.

*

20. Claude Palazzoli, *Le Viêt-nam entre deux mythes*, Economica, 1981.

Notre vie aussi aimée que notre femme

« Éperdument », « super », « hyper », voilà ce qu'on s'époumonait à dire.
On y croyait dur comme fer. C'était bien là le pire.
On ignorait qu'un coin bleu du ciel vaut mieux qu'un ciel tout bleu.
Notre bon sens fondait au feu d'un enthousiasme délirant.
Dire « camarade » suffisait à gommer tous les salauds,
Dans nos rangs, seule l'affection avait sa place.
La direction fixée, nul ne restait en rade,
Moscou planait plus haut que tous les paradis,
C'est sûr, la montre soviétique vaut cent fois la montre suisse
C'était notre credo, notre volonté, notre orgueil,
La lune in China est bien plus ronde qu'aux USA.
Notre lyrisme de l'absolu sonnait étrangement naïf.
Peut-être qu'après un quart de siècle nous savons enfin
Ce que veut dire aimer, ce que veut dire tuer et liquider.
Nous avons aperçu des taches sur l'astre de la lune
Et trouvé de la boue sur le sommet de nos hauteurs,
Notre force décuplée dans l'ivresse nous rendait si perspicaces
Que nous disions froidement à l'ennemi :
« Tout ce que nous charrions de mal vient de toi,
« Tout ce que tu as de bien, tu nous le dois. »
Pour mieux y croire, nous avions peint la vie en rose.
À ce jour, notre soif de foi n'a plus besoin de tels pinceaux,
Nous avons pris l'habitude des surprises les plus stupéfiantes,
Nous avons payé le prix fort ; ça nous a ouvert les yeux.
Nous nous sommes cassé le nez sur des os à mille lieues de nos prévisions
Et pas seulement sur des serpents cachés dans un jardin de fleurs.
À force d'être bons jusqu'à en être veules, les braves gens ne sont plus que des ordures,
La vipère endormie se love jusqu'au fond de nos cœurs.
Nous avons gambergé pendant huit mille nuits de combat
En broyant les idées noires avec les éclats de maïs.
Dans l'écheveau des bombes, nous avons filtré le bonheur,
Le cœur battant pour des lendemains qui chantent à jamais.

Nous avons appris qui s'est trompé et qui peut encore se tromper,
Dans notre moi communiste, le tréfonds humain s'est un peu enrichi.
En dépouillant l'apparat de l'idole, nous avons exalté le cœur de l'homme
Dans tous les azimuts, de face, de dos, de l'extérieur, et surtout du dedans.
Quang Binh, Vinh Linh, notre amour en proie aux flammes,
Nous avons vu le comble de l'horreur et nous ne pouvons retenir un sourire.
Quand, ouvrant la radio comme une porte sur le dehors,
Nous l'entendons nous insulter pour notre confiance en l'avenir,
Nous souffrons terriblement, comme une femme qui accouche.
La vie qui nous lie tient à nous ; elle est notre souffle.
Notre vie déborde d'une joie qui explose,
Notre vie aussi aimée que notre femme.

Viêt Phuong, *Porte ouverte*, 1969

Aujourd'hui, le temps du renouveau

Nguyên Van Ky

Alors que le pays s'ouvre à la concurrence étrangère et au mode de vie occidental, la jeunesse en crise se perd dans les contradictions entre les nouvelles pressions économiques et les désillusions idéologiques. Des écrivains de la génération précédente s'expriment aujourd'hui pour faire revivre le passé et exorciser ses démons, à travers des œuvres littéraires vibrantes de critiques. Grâce aux traductions de Phan Huy Duong, les lecteurs francophones ont pu se familiariser ces dernières années avec les écrits d'auteurs tels que Duong Thu Huong, Bao Ninh et Nguyên Huy Thiêp.

Après tant d'années de luttes et de conflits, qui se sont conclues sur la réunification du pays et l'indépendance de la nation, et après la reprise de la guerre, cette fois avec les pays voisins, et la sanction de l'isolement, le pouvoir, plus que jamais concentré à Hanoi, s'est trouvé au cours des années 80 face à un problème crucial : comment résoudre les contradictions entre les impératifs idéologiques et ceux des pressantes réalités ?

La solution s'est résumée en un mot : *dôi moi*, le renouveau. Mais la mise en pratique, concrétisée sur le plan de l'économie par l'ouverture au système du marché concurrentiel, ne pouvait aller sans une double mise en question, celle des libertés politiques, de nature à ébranler les assises du pouvoir, et celle des choix économiques, susceptibles de compromettre le destin du pays.

Alors que la porte s'ouvrait aux vents matériels de l'extérieur, on assistait à l'intérieur à un irrépressible besoin d'expression, qui s'est manifesté par une floraison d'œuvres littéraires, encore marquées par les souffrances, mais vibrantes de critiques, et à une crise de la jeunesse confrontée aux incertitudes du présent et de l'avenir.

Le Viêt-nam a toujours surpris les observateurs étrangers par ses options, qu'elles aient pu être contestables ou non. Au regard de ce qui et survenu dans les autres pays socialistes, confrontés aux mêmes nécessités d'évolution, peut-on s'attendre à ce qu'il s'oriente à nouveau vers une voie particulière ? La réponse pourrait se trouver dans une convergence des courants contraires qui ont permis à ce pays éprouvé d'éviter les excès des solutions extrêmes.

Avoir vingt ans à Hanoi

D'après le recensement général effectué en 1989, la tranche d'âge des vingt-vingt-neuf ans représente plus de 18 % de la population totale du Viêt-nam, soit près de onze sur soixante millions. À quelque chose près, ces chiffres sont applicables à la ville de Hanoi, peuplée de plus de deux millions d'habitants.

Depuis la fin de la guerre, le pays connaît une forte poussée démographique, tandis que le développement n'arrive pas à en suivre la cadence. Soumise aux pressions économiques, Hanoi devient sans doute la ville la plus chère du pays sur le plan du logement. L'illusion de l'argent facile émanant du secteur touristique fait apparaître dans le paysage urbain une prolifération de « mini-hôtels » qui repousse les occupants d'anciens immeubles vers la périphérie ou accentue une promiscuité alarmante. Les jeunes se retrouvent la plus grande partie du temps dans la rue, les lieux publics remplaçant pour eux la demeure familiale.

Dans les années 60 et 70, à l'époque où le *bao cấp* était encore de mise, un cadre célibataire avait droit dans un immeuble collectif à un appartement dont la superficie ne dépassait pas douze mètres carrés ; encore fallait-il être membre du Parti pour pouvoir bénéficier de cette attribution. Les moins chanceux se retrouvaient dans une chambre de quatre mètres carrés, sans aucun confort. Aujourd'hui, le prix d'un mètre carré dans les quartiers centraux de Hanoi peut atteindre l'équivalent d'une barrette d'or de cent grammes[1] *(cây vang)*, qui est l'unité dans les transactions immobilières,

1. Environ 2 500 francs.

alors que le salaire moyen d'un jeune se situe aux alentours de 400 000 dông, ce qui équivaut à 200 francs français (au taux de 2 000 dông pour 1 franc).

Rapportées par *Lao dông* (*Le Travail*, tribune de la Fédération des syndicats) du 28 mars 1995, les mésaventures vécues par un jeune provincial décidé à rester à Hanoi dans l'espoir de trouver un emploi sont fort significatives. Sorti licencié de la faculté des lettres en 1993, ce jeune - appelons-le X - préfère dans un premier temps rentrer chez lui pour retrouver les siens. Au bout de quelques mois, animé de rêves d'aventure, il regagne Hanoi, où il est hébergé par des amis. Faute d'emploi, il part du côté de la frontière chinoise et revient au bout de deux semaines avec un reportage sur le trafic florissant qui s'y pratique. Un périodique ayant accepté de publier son récit, il croit être embauché comme reporter. Enthousiasmé, il fait appel aux amis, et ces derniers lui proposent de partager leur logement. Mais voilà que sa sœur, admise à l'université, vient le rejoindre dans la capitale. Il cherche alors un toit lui permettant de l'accueillir. Après bien des déceptions, il finit par en trouver un avec l'eau courante et l'électricité, moyennant 200 000 dông par mois, soit l'équivalent de 100 francs, loyer après tout correct ; mais au bout d'un mois la propriétaire lui dit que la chambre est vendue. Retour à la case départ. Il entame de nouvelles recherches. Dans cette quête infernale, il découvre que des cités universitaires prévues pour trois cents places doivent faire face à 2 000 demandes d'admission. Devant lui défilent des scènes surréalistes : on couche sur des nattes dans la cour, dans les couloirs, sur les trottoirs, dans l'attente de l'attribution éventuelle d'une chambre. Venus de provinces lointaines, des parents qui accompagnent leur fille dans cette recherche manifestent leur désarroi. Mais X trouve encore mieux : des logements somptueux qui attendent des locataires. Loyer ? 5 000 à 15 000 francs. Les propriétaires visent là la clientèle d'expatriés travaillant dans des organismes internationaux ou pour des firmes étrangères. À l'opposé, des centaines de baraquements sur les quais proposent aux démunis de passer la nuit pour 1 ou 2 francs mais, même ici, les gens doivent se bousculer pour avoir une place. Au bout du compte, X finit par trouver une chambre pour sa sœur et pour lui.

Dans la perspective de rattraper leur retard par rapport aux pays de l'ASEAN[2], les universités vietnamiennes acceptent d'année en année toujours plus d'inscriptions, sans prévoir les structures d'accueil nécessaires, ni déterminer une politique de l'emploi en accord avec la recrudescence des effectifs à la sortie. À la rentrée 1988-1989, il y avait sur l'ensemble du pays 15 000 étudiants ; cinq ans plus tard, ce chiffre était porté à 40 000. Depuis 1988, plus de la moitié des 22 000 jeunes Hanoïens sortis des universités n'ont pas trouvé de travail. En l'espace de quatre ans, de 1988 à 1992, le taux de chômage des jeunes diplômés a quadruplé, passant de 10 % à 41 %. Si on examine les chiffres par établissement, on constate que 88 % des étudiants sortis de l'université de Hanoi, 75 % de ceux qui ont suivi le cursus de l'école d'agronomie et 91 % des jeunes médecins sont chômeurs. Certains acceptent de travailler sans salaire ; c'est le cas de deux cents jeunes médecins désireux d'entretenir leurs connaissances et de se familiariser avec la pratique.

La nouvelle conjoncture a obligé les responsables des formations à réviser les programmes, surtout en matière de langues étrangères. Il y a une décennie, le russe était encore obligatoire, tandis que l'anglais et le chinois faisaient partie des matières optionnelles. À l'heure actuelle, l'anglais se place en tête et le russe est rayé du programme. Le français fait une percée, sans parvenir à occuper une place prépondérante. Aux formations classiques les jeunes des années 90 préfèrent des filières jugées prometteuses telles que la gestion, le marketing, le commerce, le droit et l'informatique. D'après une enquête réalisée par le journal *Tuôi tre (Jeunesse)* du 26 mars 1995, l'emploi vient en tête des préoccupations pour 92,8 % des étudiants ; viennent ensuite l'amitié (85,8 %), le travail social (66 %), le bonheur familial (63,3 %), puis l'argent (52,7 %). Même si cette enquête, basée sur 430 réponses, n'a pas respecté les critères reconnus en matière de statistiques, les résultats n'en sont pas moins révélateurs des tendances actuelles qui prédominent chez les jeunes. On y rechercherait en vain les idéaux qui motivaient les luttes acharnées des générations précédentes. Nés vers la

2. Association of South East Asia Nations.

fin de la guerre ou à l'époque de la réunification du pays en 1976, les jeunes d'aujourd'hui ont été épargnés par les sacrifices douloureux qu'ont endurés leurs parents. Ils se lancent dans la vie sans regard vers le passé. Réussite sociale et confort matériel agrémentés d'une certaine liberté sur le plan personnel constituent pour eux le but immédiat à atteindre.

La société de consommation et la pénétration du mode de vie occidental transforment rapidement les mœurs et les usages. Autrefois refoulée dans les tréfonds des tabous, la sexualité devient aujourd'hui un phénomène qui inquiète un grand nombre de parents. Le débat sur l'éducation sexuelle dans le journal *Tuôi tre* fait apparaître les positions les plus conservatrices, comme la préservation de la virginité, aussi bien que des suggestions concernant l'introduction dans les programmes scolaires des connaissances relatives à ce domaine. La libération des mœurs conduit les toutes jeunes filles, les unes à pratiquer l'interruption volontaire de grossesse, les autres à devenir de jeunes mères, et d'autres encore à abandonner leurs rejetons aux trafiquants qui les revendront aux couples occidentaux à la recherche d'enfants adoptifs. Si sur l'ensemble du pays 18 à 20 % des interruptions volontaires de grossesse sont pratiquées sur les jeunes de moins de dix-huit ans, dans les grandes villes comme Hanoi et Saigon ces pourcentages peuvent atteindre 20 ou 30 %, d'après l'hebdomadaire du ministère de la Culture, *Van hoa (Culture)*, du 19 novembre 1995.

> Nous sommes comme ceux qui tombent du sommet d'une pente glissante, raconte l'une d'elles au reporter de ce journal. Nous avons ainsi perdu ce que nous n'avons pu préserver. Dans le feu de l'amour, ils [les garçons] nous ont fait des serments, on aurait dit qu'ils étaient capables de tout sacrifier pour nous. Mais quand « cette chose » est arrivée, ils se sont affolés et ont inventé toutes sortes de prétextes et de difficultés imaginables pour implorer leurs amoureuses d'aller la régler. Une fois les choses réglées, alors que nous n'en étions pas encore remises, ils ont continué à nous enjôler pour qu'on leur donne tout.

En l'absence de perspectives d'avenir et pour tromper son ennui, la jeunesse se rue vers les cafés équipés de karaoké, qui poussent comme des herbes folles dans tous les recoins de la ville. Cette distraction à la mode cache mal la misère des structures existantes en matière de loisirs. Pour une agglomération de plus de deux millions d'habitants comme Hanoi, il n'existe que deux ou trois cinémas, quelques salles de spectacle, dont le théâtre construit au début du siècle par les Français, un petit stade et deux piscines ouvertes au public. Les films projetés sont par ailleurs en nombre très limité, du fait de l'absence de structures de distribution et de commercialisation avec l'étranger, situation de surcroît aggravée par la censure ; les représentations théâtrales n'ont lieu que quelques jours par mois.

Incontestablement, l'ouverture économique a permis à une frange de Hanoïens de se hisser au sommet de l'échelle sociale. Ces parvenus étalent sans pudeur leur richesse. Leurs enfants, qui vont désormais dans les discothèques des hôtels chics, ont envoyé au rebut les motos de fabrication soviétique ou tchécoslovaque comme les Rochod, les Minsk ou les Samson, pour acquérir des Dream ou de grosses cylindrées plus impressionnantes. Certains se livrent à des courses infernales, après avoir fait sauter les freins de leurs machines, pour exprimer leur « fureur de vivre » par des prises de risque insensées. À leurs débuts, en 1994-1995, les courses de motos n'avaient lieu que tard dans la soirée ; à l'heure actuelle, le spectacle se passe en plein jour, dans l'après-midi. Le parcours emprunte la plus large avenue de Hanoi, Duong Hung Vuong, qui passe devant le mausolée où repose Hô Chi Minh.

En mai 1995, le journal *Van hoa* évoqua un épiphénomène qui avait tenu deux mois plus tôt enseignants et parents d'élèves en émoi. Un groupe de collégiens, filles et garçons, avait cherché à se donner la mort en avalant des comprimés. Ils furent heureusement sauvés à temps. D'après l'enquête, ils avaient formé une « association » liée par un serment de solidarité et de loyauté entre membres, qui devaient, selon le statut, vivre et mourir ensemble. En l'apprenant, les parents de l'un d'eux déclarèrent : « Qu'il meure ! Comme ça, on n'aura pas à le nourrir ! »

La génération des vingt ans d'aujourd'hui semble vivre en quelque sorte les déceptions et les désillusions de la génération précédente, comme si elle reprenait inconsciemment à son compte le fardeau dont les parents n'ont pu se débarrasser. Faute d'une prise en compte des problèmes actuels et passés, qu'ils soient politiques ou culturels, économiques ou éducatifs, l'avenir de cette jeunesse s'annonce plutôt précaire.

Renouveau littéraire

Ces dernières années, grâce aux traductions de Phan Huy Duong, les lecteurs francophones ont pu se familiariser avec les œuvres d'auteurs tels que Duong Thu Huong, Bao Ninh et Nguyên Huy Thiêp. Ces trois enfants terribles du socialisme réel, issus d'une même génération, furent pendant la guerre contre les Américains des combattants de la libération, avant d'exprimer avec force leurs sentiments et leurs désillusions. Mais d'autres témoins ou acteurs ont su faire revivre le passé et ses refoulements collectifs, et en exorciser les fantômes.

Duong Thu Huong et ses paradis

Pour la première fois depuis l'affaire Nhân Van Giai Phâm en 1956-1957, le monde littéraire hanoïen, du moins sa fraction libérale et rénovatrice, retrouvait en 1990 sa vocation contestataire. L'impulsion fut paradoxalement donnée par le discours de Nguyên Van Linh, secrétaire général du Parti, qui invita en 1987 les écrivains à se mobiliser pour « se défaire de leurs liens » et à donner un nouveau souffle à la littérature[3]. Ce coup d'envoi devait traduire en actes la politique du renouveau *(dôi moi)*, version vietnamienne de la perestroïka soviétique prônée l'année précédente. Ainsi interpellés, les écrivains saisirent l'occasion de percer l'abcès, même si certains d'entre eux, comme Duong Thu Huong, n'ont guère cru à une réelle démocratisation[4]. Le retour de bâton fut immédiat,

3. Échange de Duong Thu Huong avec les étudiants de la section vietnamienne de l'université Paris-VII-Jussieu, le 7 novembre 1994.
4. *Ibid.*

sous forme de rappels à l'ordre, de menaces et d'incriminations. Les écrivains progressistes furent de nouveau bannis par le régime. L'Union des écrivains, qui, depuis sa création en 1954, joue un rôle de relais de transmission pour les décisions gouvernementales, se garda d'élever la moindre voix pour les défendre. Armée uniquement de son courage, la Hanoïenne Duong Thu Huong dut payer le prix du franc-parler, de la dignité humaine et de la non-soumission à un régime totalitaire. Elle voulait juste vivre « en être humain », selon ses propres termes. « Sans doute aucun écrivain vietnamien visitant la France n'a reçu tant de preuves d'estime, de tendresse, de la part de tant de personnes que Duong Thu Huong », écrit un rédacteur de *Diên Dan (Forum)*[5], lors de son séjour de l'automne 1994. Invitations, rencontres, manifestations, interviews se sont succédé. Curieusement, cette reconnaissance et cette consécration publiques ont laissé de marbre la presse française, mis à part *Libération* qui avait très brièvement annoncé son arrivée en France.

Issue d'une famille de résistants dont la grand-mère avait été qualifiée de propriétaire foncière et condamnée lors de la réforme agraire (1953-1957), Huong a suivi une formation artistique pour devenir animatrice de groupes d'artistes amateurs partant au front soutenir les combattants. Elle mettait ainsi en œuvre le slogan *« Tiêng hat at tiêng bom »*, « Chanter pour couvrir les bombes » et aussi les pleurs. Huong « a porté des cadavres dans ses bras et déterré des corps ensevelis » sur les champs de bataille. Ses ouvrages, dont *Roman sans titre*[6], témoignent du profond désenchantement des survivants d'une génération jusqu'alors vouée à la guerre, une fois que fut accomplie la réunification du pays. Huong s'est sentie trahie. Elle s'est voulue le porte-parole du petit peuple, celui qui a « le cou trop court et la bouche trop menue » *(thâp cô be hong)*. Ainsi a-t-elle osé raconter par exemple que les combattants de la libération n'avaient eu le droit de rapporter chez eux, en récompense, qu'une poupée en plastique et un cadre de vélo,

5. Journal bilingue franco-vietnamien paraissant à Paris. Depuis juillet 1995, il ne paraît plus qu'en vietnamien.
6. Paris, Des femmes, 1992. Traduit par Phan Huy Duong.

pendant qu'un véritable butin de guerre amassé par certains généraux pour leurs épouses était convoyé par camions entiers du sud vers le nord. Témoin des injustices, des discriminations et autres abus de pouvoir commis d'ailleurs avant la réunification, Huong fut pendant longtemps tourmentée par une révolte sourde, avant de libérer son amertume.

Contrairement aux autres romanciers, elle n'a jamais suivi de cours de littérature proprement dite. C'est seulement en 1979 qu'elle assista, comme auditrice libre, aux exposés sur la littérature, la philosophie, la linguistique et la biologie de l'école des écrivains Nguyên Du, à Hanoi. Écrivain plutôt par conviction que par vocation, Duong Thu Huong commença dans les années 80 par écrire des nouvelles. Elle fut remarquée en 1988 à Hanoi à la parution de ses *Paradis aveugles*[7], un titre qui en dit long. Lors de la rencontre du 9 février 1990 au cercle culturel de l'Association des sciences et techniques, à Hanoi, elle livra au public les raisons qui l'avaient poussée à écrire ce roman.

> Pendant que j'écrivais *Les Paradis aveugles*, j'étais seule face aux pages d'un cahier ; les images qui tourmentaient ma conscience ont resurgi. J'avais neuf ans quand la réforme agraire a démarré. J'habitais à Bac Ninh dans une maison en bordure de la route nationale, et le petit potager attenant où nous faisions pousser des choux-raves longeait le chemin de fer. Un matin au réveil, nous avons découvert le cadavre d'un suicidé, la tête écrasée sur les rails et le corps couché sur le bord du potager. Il s'agissait d'un membre du Parti, domicilié au village de Dai Trang et accusé, dans les séances de dénonciation, d'être un propriétaire terrien. Quatre jours plus tard, on a encore découvert un autre corps pendu à un arbre. Également membre du Parti, ce chef de village avait été auparavant nommé à ce poste, à des fins activistes, par l'organisation révolutionnaire.
>
> Le temps passe et ma mémoire me rappelle d'autres images. Incriminé par la justice populaire, un accusé a été exécuté ; son corps jeté à la rizière est livré à des milliers de gens qui viennent un par un le piétiner, pour exprimer leur haine de classe. [...] Puis, d'un matin à l'autre, on trouve des corps éventrés portant un tract

7. Paris, Des femmes, 1991. Traduit par Phan Huy Duong.

> sur lequel est écrit à la main : « Traître ». [...] Je pense qu'on ne peut pas détruire une société injuste et cruelle pour en construire une généreuse et juste quand l'être humain est lui-même habité par la cruauté et l'injustice[8].

Il faut dire aussi que Duong Thu Huong fut la première à aborder dans la littérature le thème tabou de la réforme agraire des années 50. Autant s'attaquer au régime lui-même. La réaction des autorités ne se fit pas attendre. Elle subit tout le répertoire de dissuasion du Parti : menace, récupération, intimidation, promesses, etc. Mais, devant son obstination et son refus de démissionner, on l'a tout simplement excommuniée. Traitée de « putain anti-parti » par le secrétaire général lui-même, qui avait appelé les artistes dans leur ensemble à se mobiliser pour redonner vie au monde artistique et littéraire, Duong Thu Huong réalisa que ses doutes étaient fondés.

Cette marginalisation de la brebis galeuse annonçait l'approche d'une tempête, suivie d'une traversée du désert. Le Công An, la police vietnamienne, utilisa le docteur Bui Duy Tâm, ressortissant vietnamien vivant aux États-Unis, de passage à Hanoi, pour monter de toutes pièces l'affaire dite des « documents secrets transmis à l'étranger ». Ce personnage douteux fut arrêté à son embarquement pour avoir, disait-on, dissimulé dans ses bagages des renseignements relevant de la sécurité d'État, renseignements transmis par la romancière. La police fit circuler un film vidéo pornographique pour discréditer, salir et incriminer Duong Thu Huong, en l'accusant d'avoir entretenu des relations sexuelles avec ce médecin. Elle fut arrêtée et emprisonnée dans les environs de Hanoi.

On était en 1991, à la veille du VIIe congrès du Parti. L'intervention de Danielle Mitterrand, en qualité de présidente de France-Libertés, celle de Roland Dumas, ministre des Affaires étrangères, et enfin la pression exercée par les communautés vietnamiennes de l'étranger à travers un appel en faveur de sa libération finirent par contraindre les autorités vietnamiennes à la relâcher. Sa popularité en est sortie renforcée. En elle, se sont cristallisées trois

8. Allocution retranscrite dans *Dât Moi*, mensuel de la communauté vietnamienne du Canada, en avril 1990.

composantes du combat : la liberté d'expression, l'émancipation de la femme vietnamienne et enfin la défense des droits de l'homme. C'est à ce dernier titre que le ministre français de la Culture Jacques Toubon l'a décorée en décembre 1994 de la médaille de Chevalier des Arts et Lettres. Cette marque de distinction a suscité par la suite commentaires et suspicion de la part des autorités vietnamiennes, qui ont pris l'initiative unilatérale de geler pour quelques mois les relations culturelles franco-vietnamiennes. Le poète-mandarin Huy Cân, président des Associations d'artistes et écrivains du Viêt-nam, a qualifié dans *Van Nghê*[9], la tribune officielle de l'Union des écrivains, l'action de Jacques Toubon d'a-culturelle *(phi van hoa)*. L'œuvre et la réputation de Duong Thu Huong n'en furent pas pour autant affectées.

Le prix de la guerre et de l'aveuglement

La littérature d'un pays ravagé par des décennies de folie meurtrière ne pouvait manquer de traiter le thème de la guerre. Mais rares sont les écrits aussi puissants et bouleversants que ceux de Bao Ninh, en particulier *Nôi buôn chiên tranh (Le Chagrin de la guerre)*, ouvrage couronné en 1991 en même temps que deux autres romans[10] par le prix de l'Association des écrivains de Hanoi[11]. Les réactions qu'il suscita poussèrent les autorités à « suggérer » un changement de titre en *Thân phân tinh yêu (Le Destin de l'amour)*. L'auteur et la commission d'attribution des prix refusèrent, ce qui n'empêcha pas des éditions de circuler à Hanoi avec ce titre.

Bao Ninh transporte ses lecteurs dans l'univers cauchemardesque de la guerre qui brise, écrase, réduit en miettes, pulvérise, atomise les vies humaines. Suspendus entre rêve et réalité, les personnages, pris dans l'engrenage de la machine destructrice,

9. *Van Nghê*, 24 décembre 1994.

10. Il s'agit de *Bên không chông (Quai des Sans-Mari)*, de Duong Huong, et de *Manh dât lam nguoi nhiêu ma (Terre des hommes, terre des fantômes)*, de Nguyên Khac Truong, publiés par les éditions de l'Association des écrivains, Hanoi, 1991.

11. La version française est parue chez Philippe Picquier, en 1994, dans une traduction de Phan Huy Duong.

tombent les uns après les autres dans les tranchées et les vallées profondes, pour peupler l'empire des Ténèbres où vivent les « âmes hurlantes », pour permettre aux autres de survivre. Un passage du roman éclaire les sentiments éprouvés par ceux qui ont côtoyé la mort :

> Maintenant, tout est passé [...]. Et parce que nous avons vaincu, naturellement la juste cause a vaincu, et c'est en réalité une grande consolation. Néanmoins, il suffit de réfléchir un peu, il suffit de voir ce qui reste de notre propre vie, il suffit de regarder de près cette paix impudique, ce pays qui a vaincu : que peut-on bien en retenir ? La douleur, l'amertume et surtout la tristesse, une tristesse infinie. [...] La juste cause a gagné, le devoir d'humanité a gagné, mais le mal, la mort, la violence contre des humains ont aussi gagné[12].

Que peut l'amour dans cette folie meurtrière ? Une scène entre les deux personnages principaux du roman, Kiên, le combattant meurtri, et Phuong, la jeune Hanoïenne dont la guerre a volé la jeunesse, nous éclaire.

> C'était il y a si longtemps. Un événement d'avant tous les événements dans sa vie. [...] Cette nuit-là, après l'attaque qui l'avait immobilisé, le train suicidaire reprit sa marche. [...] Des wagons noircis, grossiers, identiques, aux portières hermétiquement closes. Soudain, une portière s'entrouvrit, des hommes sautèrent du wagon sur le sol. [...] Des bâillements. Des jurons. Des effluves d'alcool. [...] Sans savoir pourquoi, Kiên était sûr que le wagon qu'ils quittaient était celui où il se trouvait avec Phuong la nuit précédente. [...] Ce qu'il vit, au premier abord, n'avait rien pour le surprendre, pour l'effrayer. Dans un coin, dans la pénombre incertaine, Phuong était assise, dormant peut-être, adossée à des sacs de riz, les jambes repliées, le visage plaqué sur ses bras nus qui entouraient ses genoux, les cheveux éparpillés sur ses épaules.
>
> - Phuong. C'est toi, Phuong ?
>
> Kiên tremblait, incrédule. Il appela doucement, d'une voix rauque, et s'approcha. Il sentit son genou se désarticuler, prêt à s'effondrer. Phuong releva la tête. Ses joues émaciées étaient livides.

12. Bao Ninh, *Le Chagrin de la guerre*, trad. française, *op. cit.*, p. 207.

> Un visage étrange, comme inconnu. Sa chemise n'avait plus de boutons. Son cou était écorché. [...]
>
> Phuong laissait Kiên serrer convulsivement ses épaules, elle mordait ses lèvres livides, déchirées, elle se taisait et elle le regardait. Un regard fixe, indifférent, incertain, lointain, qui semblait vouloir bloquer les questions, les sentiments de Kiên.
>
> Épouvanté, Kiên secoua les épaules de Phuong :
>
> - N'aie pas peur, chérie, on reviendra. [...] Mais que t'est-il arrivé ? Qu'est-ce que tu as ? Qu'est-ce que c'est ?
>
> Kiên essaya de fermer les pans de la chemise de Phuong, mais il n'y avait plus un seul bouton. Le soutien-gorge était aussi de travers, un lacet pendait. Effrayé, tremblant, de ses doigts fébriles, Kiên le remit en place. La poitrine de Phuong était glacée, perlée de quelques gouttes de sueur.
>
> Il avait dix-sept ans. De son temps, à cet âge, on ne savait pas grand-chose de la vie. [...] Il avait mal, une douleur apparemment sans cause. Les larmes refluèrent dans ses yeux, coulèrent sur ses joues, salées, amères[13].

Le narrateur se cherche dans un nouveau climat, différent de celui qu'il a connu dans sa jeunesse. Sa quête existentielle le transporte dans un Hanoi chargé des séquelles du conflit et l'isole de la réalité dont il s'efforce de trouver le sens. L'allégorie esthétique qui traverse le roman symbolise le destin des humains confrontés aux drames qui pulvérisent l'espoir et l'avenir, l'amitié et l'amour, bref tout ce qui reste du sentiment humain. Sans doute, avec la paix retrouvée, certains écrivains se sentirent le besoin d'aborder des thèmes non conventionnels, pour « payer la dette », comme l'a dit Duong Thu Huong, envers les disparus dont on ne retient pas le nom, victimes du délire guerrier ou de la réforme agraire inspirée de la « pensée de Mao ».

Si les deux autres auteurs primés en même temps que Bao Ninh ont abordé, chacun à sa manière, la réforme agraire dans ses heures tragiques, le roman de Nguyên Khac Truong, *Manh dât lam nguoi nhiêu ma* (que nous traduisions ci-dessus par *Terre des hommes, terre des fantômes*[14]), est sans aucun doute le plus saisissant par la

13. *Ibid.*, p. 219-221.

14. Une version française vient de paraître aux éditions de L'Aube, en septembre 1996, sous

conjugaison de l'arbitraire idéologique et de la lutte féroce pour le pouvoir opposant deux clans rivaux d'un même village et dégénérant jusqu'à la profanation, l'outrage le plus condamnable et le plus redouté des Vietnamiens. Nguyên Khac Truong expose les aspects extrêmes de l'amour et de la haine. « Tantôt l'homme menace les fantômes, tantôt il se déguise en fantôme pour terroriser les autres. » Aux heures décisives de la vengeance, l'un des protagonistes, debout devant la tombe de son ennemi juré, prend les divinités à témoins :

> Vénérable Génie tutélaire,
> Vénérable chef du village,
> Vénérable miséricorde Quan Âm au nirvana,
> Vénérable Maîtresse de l'Enfer,
> Permettez-moi de vous rapporter ceci :
>
> Depuis des générations, le clan des Vu, par méchanceté et causticité, a retourné sa veste, vendu des vautours pour des corbeaux, des mille-pattes pour des serpents, et fait subir tant de drames à notre clan des Trinh. Ils ont accaparé nos rizières, notre héritage, notre amour, notre loyauté, en nous causant jour et nuit des difficultés. Trop de fumée pour si peu de feu. Trop d'irritation dans notre clan. Le moment est arrivé de rendre bienfait pour bienfait et coup pour coup. Oh ! Oh ! Oh ! [...]
>
> Vénérable Génie tutélaire, permettez-moi maintenant de profaner, en le retournant, le corps d'un membre des Vu, pour ramener sur terre cette vengeance du karma.
>
> Que leur lignée soit éteinte pendant trois générations,
> Que les Vu aient des filles et pas de garçons,
> Qu'il y ait naissance mais sans vie,
> Que leurs femmes accouchent à l'envers,
> Que leurs hommes meurent sans sépulture,
> Les uns à l'ouest, les autres à l'est,
> Et que les survivants vagabondent dans le malheur.
> Que leurs légumes se transforment en herbes sauvages,
> Leur riz en roseaux à flèche,
> Leur bétel en poivrier,
> Leurs aubergines en piment.

---

le titre *Des fantômes et des hommes*. Traduit du vietnamien par Phan Thê Hông et Janine Gillon.

Qu'ils peinent, qu'ils triment,
Sans espoir de survivre.
Oh ! Oh ! Oh[15] !

Duong Huong, l'auteur de *Bên không chông (Quai des Sans-Mari)*, met plutôt l'accent sur le destin des femmes, contraintes et forcées, au prix de sacrifices physiques et moraux, de garder le silence pour préserver les apparences harmonieuses de la vie derrière la haie de bambous. On retrouve dans ce roman les préjugés sur les femmes, les superstitions encore vivaces dans la campagne et l'esprit de clan qui déchire deux familles, en l'occurrence les Nguyên et les Vu. L'histoire se déroule sur une trentaine d'années, dans le cadre d'un village, et s'ouvre sur le retour de Van après la bataille de Diên Biên Phu. Le personnage principal redécouvre sa terre ancestrale :

> Autrefois, les vieux appelaient ce quai le « quai des Sans-Mari ». Aujourd'hui, on l'appelle le « quai d'Amour ». [...]
>
> Précisément le jour où le clan des Nguyên fêtait l'inauguration du temple le plus grand du village, dédié à ses ancêtres, dans la soirée la fille unique du chef de cette famille, aux allures légères, alla au Quai d'Amour pour se baigner. Elle ne savait pas qu'en amont les garçons du clan des Vu étaient là aussi, pour les mêmes raisons. Le romanesque de la rivière évocatrice mêlé à la beauté du corps féminin troubla l'un d'eux qui, après une plongée inégalée, enlaça le corps à la fois tendre et frais de la fille. Elle, qui s'évanouit dans les bras du garçon animé de désirs, le prenait pour une tortue, un grand reptile ophidien ou le fantôme au visage rouge venu pour la violer.
>
> Le lendemain matin, on retrouva son corps dénudé au pied du pont Da Bac, et un conflit sanglant, sans précédent, entre les deux clans se déchaîna.
>
> L'ancêtre des Nguyên formula alors une malédiction[16].

Un roman de Lê Luu, paru en 1993, a également provoqué des remous à Hanoi : *Chuyên lang Cuôi,* qu'on peut, en

15. Nguyên Khac Truong, *Manh dât lam nguoi nhiêu ma*, Hanoi, 1991.
16. Duong Huong, *Bên không chông (Quai des Sans-Mari)*, Hanoi, p. 13, non encore traduit en français.

simplifiant[17], traduire par « Histoires du village des menteurs ». Les appréciations officielles ont été sévères avec l'auteur[18]. Pourtant, à ce jour, le récit de Lê Luu est sans doute celui qui fournit le plus d'indications concrètes sur le déroulement de la réforme agraire dans ses moindres détails. L'auteur reconstitue avec minutie les procédés utilisés par la « brigade de la réforme » *(dôi cai cach)*, en indiquant sa composition, le rôle et l'appellation de chacun de ses membres. La redistribution des terres, qui devait en théorie apporter paix et bonheur au village, s'est traduite dans la pratique par des exécutions, accusations, humiliations, condamnations, trahisons et déchirements entre membres d'une même famille. Le fils se retourne contre le père, la femme contre le mari, sous l'œil inquisitorial de la brigade omnipotente qui dissout dès son arrivée l'appareil du Parti au niveau communal. Les résistants d'hier et membres du Parti deviennent la cible de leurs camarades venus d'ailleurs. C'est l'heure de gloire du « tribunal populaire », orchestré par la brigade. Tout y est préparé à l'avance.

> Nous avons trente-six personnes qui sont prêtes à dénoncer, réparties en groupes de la façon suivante : trois dénonceront l'accaparement des terres ; quatre, le métayage ; six, les mauvais traitements ; cinq, les intérêts versés en nature ; une, le viol ; quatre, l'espionnage au profit d'ennemis ; trois, la participation au parti nationaliste VNQDD ; six, l'exploitation des journaliers ; deux, le complot d'assassinat visant Bat afin de faire taire le témoin ; deux, le complot antiréforme. Si l'une d'entre elles s'épuise pendant la dénonciation, le tribunal fera appel à quelqu'un d'un autre groupe pour respecter le temps qui nous est imparti. [...]
>
> Demain, si une victime bafouille ou trébuche sur un mot, les autres membres du groupe devront lui souffler la suite, et les camarades chargés de la propagande emboîteront le pas, sans tarder, en criant dans les haut-parleurs : « À bas ! À bas ! » Si quelqu'un oublie la réplique, il est interdit aux autres de rire. Celui qui rira sera considéré comme un réactionnaire qui rabaisse l'esprit de lutte

17. « Cuôi » représente dans la société vietnamienne un personnage légendaire qui ment comme il respire. Il existe dans certaines localités des traditions de concours de mensonges.
18. Voir également le roman de Ngo Ngoc Bôi, *Le Cauchemar*, in G. Boudarel, *Cent fleurs écloses...*, *op. cit.*, p. 179-183.

> des paysans. Quand la victime cherche ses mots, le peuple peut venir la gifler en lui disant : « Tu oses encore rester récalcitrant ? » ou bien : « Ce propriétaire fumier doit payer ses crimes[19]. »

On est à la veille du verdict populaire incriminant un personnage considéré comme le plus redoutable. Et l'accusé n'est autre qu'un ancien combattant de Diên Biên Phu, un communiste qui croyait encore aux idéaux de la révolution, à la lucidité de son parti. Il voudrait bien alerter les autorités centrales au sujet de ces égarements qui mettent en danger le Parti, mais on l'empêche de le faire. Quand l'ordre venant d'en haut de faire arrêter les exécutions parvient au village, le brigadier en chef vient de le fusiller quelques secondes plus tôt.

19. Lê Luu, *Chuyên lang Cuôi*, Hanoi, 1993, non encore traduit en français.

Épilogue : vers la capitale des Viêts des cinq continents ?

Georges Boudarel

Quoi que la population vietnamienne puisse penser en son for intérieur, il est peu vraisemblable qu'elle exprime son exaspération par une explosion de révolte, cela pour de multiples raisons. D'abord, et avant tout, après tant d'années de guerre, la seule chose qui lui tienne vraiment à cœur se résume en un seul mot : la paix. Les contradictions des systèmes successifs, du colonialisme à tous ses adversaires, ont dépolitisé les consciences ; qu'on le déplore ou s'en réjouisse, le fait est là, incontestable.

À la recherche d'un arc-en-ciel

En dépit ou à cause de ces contradictions, la direction du Parti communiste en a pris acte. Elle ne cesse donc de répéter que la stabilité est un objectif incontournable pour toute évolution ultérieure. Sans partager pour autant les vues des dirigeants influents dans l'appareil, force est de reconnaître que cet axiome est loin d'être dépourvu de fondement. Reconnaître le sens de l'opinion du peuple qu'il dirige est certainement la première qualité d'un gouvernement. Jusqu'ici, les seuls pays qui aient pu opérer sans trop de casse la traversée du communisme (ou du « socialisme existant réellement », si l'on préfère l'expression forgée par Rudolf Bahro) sont ceux qui, par le passé, avaient déjà connu des cadres politiques reflétant plus ou moins leur opinion publique. En tête de cette brève liste, on peut placer la Hongrie, la Pologne et surtout la Tchéquie, où Jan Hus a été autrefois un des promoteurs de la liberté d'opinion en Europe, bien avant Luther. Partout ailleurs, qu'il s'agisse de l'ex-URSS ou de ce qui fut la Yougoslavie, la transition a engendré des guerres civiles plus ou moins larvées, sur lesquelles le marxisme (tel que l'appréciait Georges Duby) fournit quelques clés d'interprétation assez pertinentes. Quoi qu'il en soit dans ce champ théorique, un fait s'impose : les balles qui sifflent dans les rues atteignent les diverses formes de liberté de plein fouet. La seule liberté qui échappe à une guerre civile est celle de tuer.

En ce qui concerne la transition, il semble qu'à l'inverse du gâchis russe ou yougoslave elle se réalise sur le plan économique dans le calme et avec de très brillants résultats dans le cadre chinois. Mais elle a une rançon : l'étouffement politique. Il en résulte une mixture contradictoire, un immobilisme de l'appareil, dans lequel les idéologues gardent le pouvoir en s'intégrant dans une nouvelle formation dépourvue de toute vision théorique, la « mafia rouge ».

Hanoi se tient au carrefour de ces courants divergents. Cela ne date pas d'hier. Alors que les impératifs de la guerre auraient pu ou dû en faire le terrain privilégié des systèmes les plus totalitaires et meurtriers, de tels régimes sont apparus dans un voisinage plus ou moins proche, qu'il s'agisse du maoïsme pékinois, de son acolyte de Pyongyang ou de sa descendance directe, le système khmer rouge. Dans le tourbillon de ces pseudo-alliés, on peut accorder à Hanoi le mérite d'avoir su assurer une certaine permanence dans un environnement parsemé de mines de toutes provenances. À l'heure où l'économie de marché est à la mode sous toutes les latitudes et longitudes, Hanoi pourrait sans aucun doute se tailler une place de premier rang dans l'exportation d'un article indispensable bien que peu coûteux : le fil à plomb.

Cette économie de marché dans un cadre socialiste est-elle dans le monde marxiste-léniniste une absolue nouveauté ? Sans remonter à la NEP[1] de Lénine, il convient d'en dégager les véritables sources. Contrairement à ce qui semble aujourd'hui évident, ce concept n'a pas été forgé à Wall Street ou dans toute autre place financière, mais dans un champ de culture défriché par des dissidents, que toutes les langues de bois se sont acharnées à faire oublier. Tous parlaient des dialectes slaves, comme le Tchèque Dubcek et son ministre de l'économie Ota Sik, ou le Polonais Gomulka, disparu des mémoires en dépit de ses efforts trop prémonitoires, ou son expert Oskar Lange.

Aujourd'hui où les révolutionnaires ont tant de peine à remettre leurs montres à l'heure, il peut être utile de faire appel à un très grand philosophe de la francophonie, le Hanoïen Trân Duc Thao, aussi célèbre pour son itinéraire conceptuel que pour ses déboires politiques dans le cadre d'un système qui l'a mis sur la touche avant de le réhabiliter, mais sans oser le dire ouvertement. En 1950, il publia à Paris, chez un éditeur vietnamien, *Phénoménologie et matérialisme dialectique*, où il rejoignait Marx en explorant Husserl ; puis il gagna le maquis du Viêt-minh. Sa collaboration au courant contestataire de 1956 lui valut de passer trente ans à faire des traductions et à promener sa solitude dans les rues d'un Hanoi aveuglé par la crainte. Lorsque, avec un feu vert venu d'en haut, sur lequel on ne saurait trop insister, il put faire connaître sa propre pensée, ce fut en publiant, en 1988, *Le Problème de l'homme et la Théorie philosophique éliminant le sujet individuel.* Ce brûlot anti-althussérien démolissait radicalement la « pratique théorique » célébrant le mariage de la psychanalyse avec le structuralisme, dans le cadre d'une histoire sans finalité et sans théorie du sujet ou de l'individu. Éclairé par sa triste expérience, Trân Duc Thao dressait un constat à faire hurler une intelligentsia maoïste qui se voulait de gauche, mais d'une évidence admise par un nombre incalculable d'Asiatiques :

> Depuis plus de vingt ans, la pensée d'Althusser sur l'absence du sujet en général *(không con nguoi noi chung)* a été le plus solide bastion de défense du stalino-maoïsme, faisant obstacle à tout

1. La Nouvelle Politique économique (1921-1928) qui fut un compromis, un recul sur la voie menant au socialisme.

effort de renouveau du marxisme-léninisme. À telle enseigne qu'elle put engendrer un monstre, la théorie génocidaire de la clique Pol Pot-Ieng Sari, qui enseigna aux Khmers rouges le fanatisme liquidateur de l'homme[2].

La rénovation, question de vie ou de mort

Pour saisir la complexité du mouvement des idées dans le cadre du Viêt-nam communiste, la personnalité de Trân Dô est un miroir révélateur. Dès le milieu des années 50, ce dirigeant préconisait au sein de l'appareil du Parti des propositions rénovatrices, tout en se conformant à la ligne officielle dans ses propos publics.

En 1930-1940, il avait eu la chance de devenir l'assistant de l'écrivain journaliste Trân Mai Ninh (Nguyên Thuong Khanh). La presse et les lettres l'attiraient, mais les contraintes de l'activité révolutionnaire en décidèrent autrement. Évadé du bagne de Son La, il joua un rôle clé à Hanoi lors de la révolution d'août 1945, puis dans la guerre au sein de la division 312, qu'il accompagna jusqu'à Diên Biên Phu. Après avoir été un modérateur dans la fièvre idéologique de 1956-1958, il fut promu général de corps d'armée et envoyé au sud comme adjoint du commandant en chef de ce front.

Aux dires mêmes d'un commentateur militaire sudiste, Kiêm Dat, ses analyses prennent la mesure des facteurs les plus divers, du politique au militaire, en passant par le littéraire[3]. Ce trait de caractère porté vers la recherche objective fera de lui un des hérauts de la glasnost vietnamienne au tournant des années 80, avant même que le mot soit lancé à Moscou, dont il s'inspire. Dès la fin 1978, c'est sous son influence que, dans la revue littéraire de l'armée, le romancier Nguyên Minh Châu reprend les vues des dissidents de 1956 dans un article intitulé « Écrire la guerre ».

2. Trân Duc Thao, *Vân dê con nguoi va chu nghia ly luan không con nguoi (Le Problème de l'homme et la Théorie philosophique éliminant le sujet individuel)*, 2e éd., 1989, p. 168.
3. Kiêm Dat, *Chiên tranh Viêt Nam (La Guerre du Viêt-nam)*, Dai Nam, Los Angeles, 1982, p. 85.

L'auteur y attaque des écrits artificiels exaltant des personnages fictifs idéalement bons, sans rapport avec la réalité des faits et la complexité de l'être humain[4].

Le critique Hoang Ngoc Hiên fustige cette littérature de propagande qui entend « se conformer à la règle » *(phai dao)* et n'est qu'une terne « illustration » *(minh hoa)* de la ligne officielle. Trân Dô, alors ministre de la Culture, plus ou moins sur la touche, soutient ces iconoclastes, dont les vues l'emportent lors du VIe congrès du Parti, qui préconise en 1986 le « renouveau » *(dôi moi)*. Pour ce communiste aussi militaire que militant, cette évolution est inséparable d'une authentique démocratisation du système[5]. C'est à cette heure que Truong Chinh, le dur d'entre les durs du sommet, en vient à faire ce constat qui sonne étrangement dans sa bouche : « La rénovation est une question de vie et de mort. »

Ce tournant a provoqué l'éclosion de reportages, de nouvelles et de débats qui ne mâchent pas leurs mots. Les écrivains rouges n'hésitent plus à aborder les tabous. L'un des plus connus, Nguyên Khai, va jusqu'à réhabiliter les nationalistes et les paysans partisans du marché dans un bref roman consacré à l'ancien ministre nationaliste Vu Hông Khanh, libéré d'un camp d'internement pour aller finir ses jours dans son village natal[6]. Dans le même temps, une résolution du Parti reconnaît les droits de l'exploitation familiale sur la terre, qui reste en principe la propriété du collectif. Dès lors, un marché foncier se fonde dans la clandestinité. Mais cette évolution, relativement rapide à l'époque, ne va pas tarder à être stoppée par un coup de frein. En 1989, Trân Dô est écarté de la direction des lettres et des arts auprès du Comité central par une manœuvre interne d'appareil qui fusionne deux commissions. Il devra recourir à une revue provinciale non conformiste, *Cua Viêt*, pour parvenir à faire imprimer ses vues en avril 1990, dans un numéro qui sera aussitôt saisi.

Entre-temps, la chute du mur de Berlin, perçue comme un

4. Nguyên Minh Châu, « *Viêt Vê Chiên tranh* », in *Van Nghe Quân Dôi*, novembre 1978.
5. Trân Dô, « Rénovation et démocratisation », in *Le Courrier du Viêt-nam*, avril 1988, p. 8-10.
6. Nguyên Khai, *Môt coi nhân gian be ti (Un microcosme du pays)*.

terrible échec du bloc dit socialiste et une menace tous azimuts pour le Viêt-nam communiste, a provoqué une nouvelle glaciation, qui en donne une image figée dans un sombre conformisme. En fait, les coulisses offrent une réalité plus vivante, où les personnes et les idées continuent de s'affronter avec discrétion. Sur un ordre d'en haut, on en vient à provoquer l'autodissolution du Parti socialiste et du Parti démocrate, dont les organes *Tô Quôc* et *Dôc Lâp* ouvraient leurs colonnes aux points de vue des intellectuels contestataires. Cette décision sectaire privait du même coup le Parti communiste d'un excellent instrument pour une transition, en douceur et dans la stabilité, vers le pluralisme des opinions et des organisations. Le résultat le plus net de ce blocage va être l'apparition de samizdats vietnamiens, dont les photocopieuses de plus en plus nombreuses favorisent l'essor. Les textes contestataires sont le plus souvent l'œuvre de marxistes comme Nguyên Khac Viên, ardent diffuseur des idées révolutionnaires, qui s'était prononcé dès 1980 pour des changements dans le domaine de l'information et de l'édition dans les colonnes mêmes du quotidien communiste[7]. Est-ce là l'indication d'un véritable renouveau ?

Pas de deux et pas de clerc dans la diaspora

C'est par réalisme que la direction de Hanoi en est venue à faciliter le retour au Viêt-nam des boat-people, dont on apprécie les dollars, mais aussi les compétences et parfois les idées. Un périodique spécialisé a même été créé dans ce but. Cette inversion du courant officiel ne sera pas sans effet dans les milieux d'une diaspora de deux à trois millions de Vietnamiens répartie sur les cinq continents, où elle publie quelque deux cent cinquante périodiques.

Les contacts qui se nouent entre ces milieux, hier encore antagonistes, vont parfois assez loin. En juin 1989, le ministre des

7. Nguyên Khac Viên, « Améliorer l'information. Le pouvoir et les médias », in *Nhân dân*, 16 mars 1980, cité dans *Inforasie*, Paris, n° 3, janvier 1981.

Affaires étrangères de Hanoi, Nguyên Co Thach, rencontre à Paris une brochette d'exilés de couleurs fort diverses, dont quelques affiliés à la CIA[8]. À Washington même, de jeunes Viêts ont prévu pour le 27 juillet 1993, dans les locaux du Congrès, un colloque sur leur pays d'origine qui capote sous les coups d'une opposition animée par Chu Ba Anh[9]. Quelques mois plus tard, un avocat américain marié à une Vietnamienne, Me Stephen Young, envisage de tenir à Hô Chi Minh-Ville même, le 27 novembre 1993, un colloque sur la reconstruction du Viêt-nam, avec d'anciens membres du parti Dai Viêt récemment libérés grâce à lui et des personnalités américaines qui avaient été profondément engagées dans la guerre, comme le chef de la CIA William Colby et le général Westmoreland. D'après lui, les préparatifs étalés sur des mois et des mois ont été encouragés par des dirigeants « libéraux » du Parti communiste à Hanoi. En octobre, à la tribune de l'ONU, le vice-président Phan Van Khai n'hésite pas à évoquer un « renouveau du système politique, pas à pas. Tous les Vietnamiens désireux de voir le pays prospère et fort, dit-il, doivent trouver leur place dans la grande unité de la nation, même s'ils ont des opinions politiques différentes[10] ». En faisant interdire, à la dernière minute, la tenue de ce débat, qui s'annonçait très composite, la Sécurité vietnamienne va épargner sans doute au pays le risque d'un incident sanglant du type de celui de Tian'anmen à Pékin.

En dépit de ses brusques zigzags et de ses retours en arrière, la progression semble réelle. Elle favorise en tout cas les échanges de nouvelles confidentielles, qui font des organes d'opposition à Hanoi dans l'outre-mer de passionnantes sources d'informations, même s'il convient de les considérer avec le maximum de prudence, l'« intox » n'étant à exclure ni d'un côté ni de l'autre.

Si le VIIe congrès du Parti en 1991 consacre le gel, la préparation du VIIIe en 1995-1996 est marquée par une lutte acerbe entre deux courants, dont les textes, toujours théoriquement « internes et confidentiels », atterrissent peu après dans les périodiques de la

8. G. Boudarel, *Vietnam Review*, n° 1, 1996, p. 350-353.
9. *Phu nu diên dan*, États-Unis, n° 116, septembre 1993, p. 10-12.
10. N. Chanda, M. Hiebert, *Far Eastern Economic Review*, 9 décembre 1993.

diaspora. À la fin juin 1996, le VIIIe congrès s'ouvre dans cette atmosphère très tendue, mais après deux succès soudains du groupe de Vo Van Kiêt, partisan de l'ouverture sur tous les plans : l'élimination de deux de ses puissants adversaires, Nguyên Ha Phan et Dao Duy Tung, écartés pour des raisons politiques ou de santé.

En dépit de ce fait, les décisions du congrès expriment la ligne officielle de rénovation dans la langue de bois la plus figée qui soit. La grande presse étrangère en conclut un peu vite qu'il n'y a aucun changement. Rien n'est moins sûr. À lire les publications de la diaspora, on a plutôt l'impression que les informations ultra-secrètes du Bureau politique leur parviennent régulièrement, au point qu'on pourrait croire à un subtil compromis entre les tendances antagonistes.

Le périodique catholique *Tin Nhà* reproduit l'interview accordée à Radio France Internationale par Hoang Minh Chinh, à peine sorti d'un nouveau séjour d'un an en prison. Reprenant des vues de Phan Dinh Diêu et de l'ancien leader du Parti socialiste Nguyên Xiêng, l'éternel accusé y appelle à organiser une table ronde qui réunisse le Parti communiste, les intellectuels vivant au pays et ceux de la diaspora, afin de rechercher des solutions réalisables dans le consensus. Le mensuel *Thông Luân*, initialement partisan de la réconciliation en vue de la coopération, cite longuement un texte du vieux communiste Nguyên Hô, depuis des années en résidence surveillée. Ce dernier appelait, pour la première fois, à soutenir sans réserve Vo Van Kiêt, partisan de l'ouverture. À Paris, *Diên Dan*, représentant des partisans de Hanoi devenus fort critiques, adopte une position similaire, sous une forme plus nuancée, en citant un autre militant intérieur également persécuté à cause de ses divergences de vues, Nguyên Kiên Giang. Ce dernier préconise une progression simultanée sur quatre plans : l'instauration d'une société civile, d'une économie de marché, d'un État de droit et d'un authentique régime démocratique.

Tous ces avis, qui se rejoignent par-delà leurs différences, sont bien plus optimistes que ceux de la presse occidentale. Mais qu'en sera-t-il demain ? La réponse dépendra, en grande partie, de l'attitude des pays qui s'affichent théoriquement partisans des droits de l'homme. Donneront-ils la priorité à l'intérêt économique à très court terme, autrement dit à la construction du capitalisme par une mafia corrompue se réclamant d'un parti unique qui prétend construire le socialisme ? Préféreront-ils donner la place qui lui revient au débat politique qui renforce en dernière instance le jeu des facteurs économiques à long terme ? L'opinion - vietnamienne et internationale - jugera sur les faits, et non sur les discours, quelle que soit leur couleur.

Georges Boudarel

4. *Annexes*

Chronologie

972	indépendance viêt reconnue par la Chine.
1010	avènement de la dynastie des Ly à Thang Long (Hanoi), capitale du royaume du Dai Viêt.
1802	réunification du royaume sous le nom de Viêt-nam. Dynastie des Nguyên.
1883-1885	conquête du Tonkin par les Français.
1887	création de l'Union indochinoise.
1893-1902	organisation de l'Indochine française avec Paul Doumer.
1927	fondation du Viêt Nam Quôc Dân Dang, parti nationaliste.
1930	• fondation du Parti communiste indochinois. • crise, révoltes, mutinerie de Yên Bay, insurrection du Nghê Tinh.
1935	Andrée Viollis, *Indochine SOS*, préface d'André Malraux.
1936	Front populaire et promulgation d'un code du travail en Indochine.
1937	coup d'arrêt aux réformes en Indochine.
1938	conflit entre staliniens et trotskistes vietnamiens.
1940-1945	occupation de l'Indochine par les forces japonaises.
1941	création du Viêt-minh.
1945	• déclaration d'indépendance des trois pays indochinois. • insurrection d'août décrétée par le Viêt-minh. • révolution et formation d'un gouvernement de la république du Viêt-nam présidé par Hô Chi Minh. • 2 septembre : déclaration d'indépendance du Viêt-nam par Hô Chi Minh.
1946	début de la guerre d'Indochine.
1949	victoire de Mao Zedong en Chine.
1950	reconnaissance de la Chine populaire par le Viêt-minh.

1954	• bataille de Diên Biên Phu. • conférence de Genève et partition du Viêt-nam. • formation à Manille de l'OTASE (front anticommuniste, sous égide américaine). • départ des troupes françaises de Hanoi. • le Nord sous le régime socialiste de la république démocratique du Viêt-nam.
1955	Ngô Dinh Diêm président de la république du Viêt-nam (Sud).
1956	• rapport Khrouchtchev contre Staline. Mouvements en Pologne et en Hongrie. • conséquences au Viêt-nam : découverte des erreurs sanglantes de la réforme agraire. Courant de contestation.
1959	décision du Lao Dông de reprendre la lutte armée pour la libération du Sud et infiltrations d'hommes au Sud. • conseillers américains dans les unités de l'armée du Sud.
1960	• John F. Kennedy président des États-Unis. • création du Front de libération du Sud.
1961	escalade américaine, avec des opérations spéciales de sabotage au Nord-Viêt-nam.
1963	assassinat de Ngô Dinh Diêm au Sud et de Kennedy à Dallas.
1964	vote au Comité central du Parti communiste du Viêt-nam de la IXe résolution contre le révisionnisme moderne.
1965	• accélération de l'escalade. Bombardements aériens américains sur le Nord. • débarquement des forces terrestres américaines à Danang.
1967	• manifestations pacifistes aux États-Unis. • arrestation au Nord de plusieurs personnalités du Parti communiste, dont Hoang Minh Chinh et Vu Dinh Huynh.
1968	offensive du Têt Mau Than contre les villes du Sud.
1969	décès de Hô Chi Minh.
1972	rapprochement sino-américain, avec le voyage de Nixon à Pékin.
1973	accords de Paris et départ des derniers GI's du Viêt-nam.
1975	• entrée des Khmers rouges à Phnom Penh. • entrée de l'Armée populaire vietnamienne à Saigon.
1976	• réunification du Viêt-nam. • IVe congrès du Lao Dông, qui devient Parti communiste du Viêt-nam.
1978	adhésion du Viêt-nam au COMECON. Traité d'amitié et de coopération Viêt-nam-URSS.
1979	• intervention et maintien des forces vietnamiennes au Cambodge. • grande vague migratoire de boat-people.
1982	27-31 mars : Ve congrès du Parti communiste du Viêt-nam. Giap quitte le Bureau politique.

1986 • fondation à Hô Chi Minh-Ville du Club des combattants de la résistance, qui demande des élections libres.
• mort du secrétaire général du parti, Lê Duân.
• 15-19 décembre : VIe congrès du Parti communiste du Viêt-nam. Nguyên Van Linh élu secrétaire général.
• décision de lancer la politique du renouveau *(dôi moi).*
1987 adoption des réformes économiques par le Comité central.
1988 mort de Truong Chinh. Do Muoi Premier ministre.
1989 • en Chine, crise et massacre de Tian'anmen.
• chute du mur de Berlin.
• évacuation du Cambodge par les forces vietnamiennes.
1990 • le Comité central rejette le multipartisme.
• le Conseil de sécurité de l'ONU d'accord sur un plan de paix au Cambodge.
• mort de Lê Duc Tho.
• réaffirmation de la voie socialiste par le Comité central du Parti communiste du Viêt-nam.
1991 • premier pas vers une normalisation des relations américano-vietnamiennes.
• démantèlement de l'URSS.
• juin : VIIe congrès du Parti communiste du Viêt-nam. Do Muoi secrétaire général, Vo Van Kiêt Premier ministre.
• accord de Paris sur le Cambodge.
• normalisation sino-vietnamienne.
1992 • nouvelle Constitution au Viêt-nam. Le général Lê Duc Anh élu président, Vo Van Kiêt réélu Premier ministre.
• accession du Viêt-nam et du Laos au traité de coopération et d'amitié de Bali, antichambre de l'ASEAN.
1993 • afflux d'hommes d'affaires et de sociétés étrangères au Viêt-nam.
• visite du président Mitterrand au Viêt-nam.
1994 • développement de l'économie de marché et afflux d'investissements étrangers.
• levée de l'embargo américain.
• intensification de la lutte contre la corruption.
1995 • vingtième anniversaire de la chute de Saigon.
• normalisation des relations américano-vietnamiennes.
• entrée du Viêt-nam dans l'ASEAN.
• cinquantième anniversaire de l'indépendance.
1996 juin : VIIIe congrès du Parti communiste du Viêt-nam.

Bibliographie

AUBRAC RAYMOND, *Où la mémoire s'attarde*, Paris, Odile Jacob, 1996, 378 p.

BROCHEUX PIERRE ET HÉMERY DANIEL, *Indochine. La colonisation ambiguë, 1858-1954*, Paris, La Découverte, 1994, 427 p.

BUI XUÂN BAO, *Naissance et évolution du roman vietnamien moderne, 1925-1945*, Paris, La Voie nouvelle, éd. Duong Moi, 444 p.

CHANOFF DAVID ET DOAN VAN TOAI, *Portrait of the Enemy. The Other Side of the War in Viêt-nam*, New York, Random House, 1986, 218 p.

DUONG THU HUONG, *Histoire d'amour racontée avant l'aube*, La Tour d'Aigues, L'Aube, 1991, traduction et postface de Kim Lefèvre, 150 p.

Roman sans titre, Paris, Des femmes, 1992, traduction de Phan Huy Duong.

Au-delà des illusions, Philippe Picquier, 1996, traduction de Phan Huy Duong, 320 p.

DEVILLERS PHILIPPE, *Paris, Saigon, Hanoi. Les archives de la guerre, 1944-1947*, Paris, Gallimard, « Archives », 1989, 398 p.

GODART JUSTIN, *Rapport de mission en Indochine, 1er janvier-14 mars 1937*, présenté par F. Billange, Ch. Fourniau et A. Ruscio, Paris, L'Harmattan, 1994, 206 p.

MCNAMARA ROBERT, *Avec le recul : la tragédie du Viêt-nam et ses leçons*, Paris, Le Seuil, 1996, 383 p.

MAI THU VAN, *Viêt-nam, un peuple des voix*, Paris, Pierre Horay, 1983, 324 p.

NGÔ VAN, *Viêt-nam, 1920-1945. Révolution et contre-révolution sous la domination coloniale*, Paris, L'Insomniaque, 1995, 448 p.

NGUYÊN HUY THIÊP, *Un général à la retraite*, La Tour d'Aigues, L'Aube, 1990, rééd. 1994, 120 p.

Le Cœur du tigre, La Tour d'Aigues, L'Aube, 1993, rééd. 1995, 106 p.

Les démons vivent parmi nous, La Tour d'Aigues, L'Aube, 1996, 126 p.

NGUYÊN KHAC TRUONG, *Des fantômes et des hommes*, La Tour d'Aigues, L'Aube, 1996, traduction de Phan Thê Hông et Janine Gillon.

NGUYÊN KHAC HUYÊN, *Rêves, souvenirs, commentaires*, Hanoi, Thê Gioi, 1993, 192 p.

NGUYÊN MANH TUONG, *Un excommunié. Hanoi 1954-1991 : procès d'un intellectuel*, avant-propos de Vo Van Ai, Paris, Quê Me, 350 p.

NGUYÊN TIEN LANG, *Les Vietnamiens, Les Chemins de la révolte*, Amiot-Dumont, 1953, 190 p.
PALAZZOLI CLAUDE, *Le Viêt-nam entre deux mythes*, Paris, Economica, 1981, 192 p.
PATTI ARCHIMEDES, *Why Vietnam ? Prelude to America Albatros*, Berkeley, University of California Press, 1980, 612 p.
PHAM QUYNH, *Nouveaux essais franco-annamites*, Huê, 1938, 528 p. Voir en particulier « Nécessité du nationalisme annamite », p. 457-464.
PHAM VAN KY, *Frères de sang*, Paris, Le Seuil, 1947, 206 p.
QUIRIELLE FRANÇOIS DE, *À Hanoi sous les bombes américaines. Journal d'un diplomate français 1966-1969*, Paris, Tallendier, 1992, 244 p.
RUSCIO ALAIN, *Vivre au Viêt-nam*, 1981.
SAAF ABDALLAH, *Histoire d'Anh Ma*, Paris, L'Harmattan, 1996, 190 p.
SALISBURY HARRISON, *Un Américain à Hanoi, derrière les lignes viêt-cong*, Paris, Presses de la Cité, 1967, 236 p.
SCHWARTZ LAURENT, *Un mathématicien aux prises avec le siècle*, Paris, Odile Jacob, 1997, 530 p.
THU-TRANG GASPARD, *Hô Chi Minh à Paris (1917-1923)*, préface de Ph. Devillers, Paris, L'Harmattan, 1992, 272 p.
TONNESON STEIN, *The Vietnamese Revolution of 1945. Roosevelt, Hô Chi Minh and de Gaulle in a World at War*, Londres, Prio, 1991, rééd. 1993, 458 p.
TUCHMAN BARBARA, *La Marche folle de l'histoire. De Troie au Viêt-nam, le triomphe de la sottise et de l'aveuglement des hommes au pouvoir*, Paris, Robert Laffont, 1985, 436 p.
VIÊT TRÂN, *Viêt-nam, j'ai choisi l'exil*, préface de Jean Lacouture, Le Seuil, 1979, 128 p.
VIOLLIS ANDRÉE, *Indochine SOS*, préface d'André Malraux, Paris, Gallimard, « NRF », 1935, 254 p.
VO NGUYÊN GIAP, *Des journées inoubliables*, Hanoi, ELE, 1975, 444 p.
La Guerre de libération nationale, Hanoi, ELE, 1970-1975, 156 p.
VU BAO ET AUTRES NOVELLISTES, *Le Héros qui pissait dans son froc*, La Tour d'Aigues, L'Aube, 1995, 88 p.
WERNER JAYNE S. ET LUU DOAN Huynh, *The Vietnam War, Vietnamese and American Perspectives*, New York, M. E. Sharpe, 1993, 300 p.
YEAGER JACK A., *The Vietnamese Novel in French. A Literary Response to Colonialism*, Londres, Hanovre, Press of New England, 1987, 237 p.

Après la rédaction de cette étude, en avril 1997, est paru un ouvrage de : VU THU HIÊN, *Dêm giua ban ngày (La Nuit en plein jour)*, 768 p., éd. Van Nghê, P.O. Box 2301 Westminster, CA 92683.
Il relate ses neuf années en prison et en camp après 1967, en qualité de fils du secrétaire personnel de Hô Chi Minh, Vu Dinh Huynh, et les réflexions qu'il en tire.

Revues

La Nouvelle Critique, « L'expérience vietnamienne : du colonialisme au socialisme », sous la direction de Jacques Arnault, mars 1962, 233 p.
Europe, « Littérature du Viêt-nam », juillet-août 1961, 296 p.

Biographie des auteurs

Georges Boudarel

Universitaire à Paris-VII. À côté de nombreux articles, a notamment écrit *La Bureaucratie au Viêt-nam*, Paris, L'Harmattan, 1983 ; et *Cent fleurs écloses dans la nuit du Viêt-nam. Communisme et dissidence au Viêt-nam (1954-1956)*, Paris, Jacques Bertoin, 1991.
Professeur à Saigon, hostile à la guerre menée par le gouvernement français en Indochine, Georges Boudarel avait choisi de se joindre à la résistance vietnamienne, ce qui lui a valu d'être l'objet d'une polémique et d'accusations, dont la justice française l'a disculpé. Son intervention dans cet ouvrage est celle d'un profond connaisseur de l'histoire, de la culture et de la langue vietnamiennes. Son analyse se fonde non seulement sur une expérience qui lui permet une vision de l'intérieur de Hanoi, du Viêt-nam et du Parti communiste vietnamien, mais aussi sur des documents inédits de nature à donner un éclairage nouveau à une période trop souvent considérée du seul point de vue occidental.

Nguyên Van Ky

Chercheur. A effectué plusieurs missions au Viêt-nam, et à Hanoi en particulier. Auteur de *La Société vietnamienne face à la modernité : le Tonkin de la fin du XIXe siècle à la Seconde Guerre mondiale*, Paris, L'Harmattan, « Recherches asiatiques », 1995, 432 p.

Titres disponibles dans la collection « Mémoires »

Alexandrie IIIe s. av. J.-C.
(Nº 19) 264 p. 120 F.
Alexandrie 1860-1960
(Nº 20) 256 p. 120 F.
America Magica
(Nº 29) 256 p. 120 F.
Amsterdam XVIIe siècle
(Nº 23) 256 p. 120 F.
Aurès/Algérie 1954
(Nº 33) 176 p. 89 F.
Banlieue rouge 1920-1960
(Nº 18) 296 p. 140 F.
Barcelone 1888-1929
(Nº 16) 232 p. 120 F.
Berlin 1919-1933
(Nº 10) 288 p. 120 F.
Berlin 1933-1945
(Nº 37) 192 p. 120 F.
Calcutta 1905-1971
(Nº 46) 256 p. 130 F.
Constantinople 1054-1261
(Nº 40) 272 p. 130 F.
La Contre-Culture
(Nº 47) 224 p. 130 F.
Les Découvertes
88 p. 69 F.
Dublin 1904-1924
(Nº 6) 288 p. 120 F.
Fès médiévale
(Nº 13) 224 p. 120 F.
Goa 1510-1685
(Nº 41) 232 p. 120 F.
Guadeloupe 1875-1914
(Nº 28) 248 p. 120 F.
Harlem 1900-1935
(Nº 25) 288 p. 120 F.
La Havane 1952-1961
(Nº 31) 240 p. 120 F.
Lituanie juive 1918-1940
(Nº 44) 288 p. 130 F.
Hiroshima 50 ans
(Nº 39) 240 p. 120 F.
Hollywood 1927-1941
(Nº 9) 264 p. 120 F.
Istanbul 1914-1923
(Nº 14) 232 p. 120 F.
Libération, fête folle
(Nº 30) 240 p. 120 F.

Lisbonne hors les murs
(Nº 1) 288 p. 120 F.
Lituanie juive 1918-1940
(Nº 44) 288 p. 130 F.
Londres 1851-1901
(Nº 3) 240 p. 120 F.
Londres 1939-1945
(Nº 36) 320 p. 130 F.
Madrid 1936-1939
(Nº 4) 288 p. 120 F.
Moscou 1918-1941
(Nº 26/27) 352 p. 150 F.
New York 1940-1950
(Nº 35) 256 p. 120 F.
Oxford 1919-1939
(Nº 8) 288 p. 120 F.
Ozerlag 1937-1964
(Nº 11) 256 p. 120 F.
Palerme 1070-1492
(Nº 21) 272 p. 120 F.
Paris 1944-1954
(Nº 38) 304 p. 130 F.
Pondichéry 1674-1791
(Nº 24) 264 p. 120 F.
Rome Ier siècle av. J.-C.
(Nº 42) 256 p. 120 F.
Rome Ier siècle ap. J.-C.
(Nº 43) 240 p. 120 F.
Rome 1920-1945
(Nº 7) 288 p. 120 F.
Saigon 1925-1945
(Nº 17) 264 p. 120 F.
Salonique 1850-1918
(Nº 12) 296 p. 140 F.
Samarcande 1400-1500
(Nº 34) 248 p. 120 F.
Séville XVIe siècle
(Nº 15) 232 p. 120 F.
Thèbes 1250 av. J.-C.
(Nº 2) 272 p. 120 F.
Tolède XIIe-XIIIe
(Nº 5) 280 p. 120 F.
Tonkin 1873-1954
(Nº 32) 168 p. 89 F.
Venise 1500
(Nº 22) 256 p. 120 F.
Vienne-Budapest 1867-1918
(Nº 45) 264 p. 130 F.

Viêt-nam
De la colonie à la nation

Déjà parus dans la collection Mémoires

Saigon 1925-1945

De la « Belle Colonie » à l'éclosion révolutionnaire, ou la fin des dieux blancs

À son apogée dans les années 20, Saigon apporte ce qu'il faut d'exotisme et de chimères aux jeunes Français qui étouffent dans une métropole étriquée. Elle est bien la « Belle Colonie » où cohabitent et se mêlent différents peuples qui font ainsi l'épreuve du métissage. Mais la « ville blanche » va nourrir en son sein l'agitation émancipatrice.

Dirigé par Philippe Franchini.
N° 17, septembre 1992, 120F.

Tonkin 1873-1954

Colonie et nation : le delta des mythes

Fleuron de l'Empire et berceau historique de la nation vietnamienne, avant de devenir le foyer du nationalisme révolutionnaire et le refuge du Viêt-minh, sa mémoire est lourde d'humiliations, de défaites et de victoires héroïques, avec ses lieux emblématiques : Hanoi et Lang-sön.

Dirigé par Philippe Franchini.
N° 32, octobre 1994, 89F.

Déjà parus dans la collection Monde

Mékong

Du Laos au Viêt-nam, après le dégel

Laos, Cambodge, Sud-Viêt-nam, frontières de la Thaïlande. Le Mékong. Un des plus grands fleuves d'Asie et du monde, mythifié, oublié, après guerres, guérillas et destructions. Sur sa rive gauche, une forteresse de régimes communistes, figés et frères ennemis. Sur sa rive droite, capitalisme et croissance économiques sauvages.

Par Guido Franco.
HS N° 63, septembre 1992, 98 F.

Saigon

Le chantier des utopies

Entre la levée de l'embargo américain et le VIIIe congrès du Parti communiste vietnamien (1994-1996), Saigon tente d'évacuer ses vieilles obsessions, appréhende le lendemain à défaut d'apercevoir le surlendemain, et s'adonne enfin sans complexe à la convoitise. Loin des mythes qui s'étaient emparés de l'image de la ville, ce récit en propose une découverte minimaliste, au ras des trottoirs et du quotidien des petites gens.

Par Didier Lauras.
HS N° 95, janvier 1997, 120 F.

Éditions Autrement

Directeur-rédacteur en chef : Henry Dougier. *Rédaction :* Valérie Antoni. Jean-Claude Béhar. Nicole Czechowski. Monique Paillat. *Fabrication/Secrétariat de rédaction :* Bernadette Mercier, *assistée de* Hélène Dupont *et de* Alice Breuil. *Graphisme :* Kamy Pakdel. *Service financier :* Éric Moulette. *Gestion et administration :* Agnès André. Hassina Mérabet. Christian Da Silva. *Service de presse :* Agnès Biltgen.

Abonnements au 1er janvier 1997 : la collection « Mémoires », complémentaire des collections « Monde », « Mutations » et « Morales », est vendue à l'unité (130 F par ouvrage) ou par abonnement (France : 450 F ; étranger : 550 F) de 4 titres par an. L'abonnement peut être souscrit auprès de votre libraire ou directement à Autrement, Service abonnements, 17, rue du Louvre, 75001 Paris. Établir votre paiement (chèque bancaire ou postal, mandat-lettre) à l'ordre de NEXSO (CCP Paris 1-198-50-C). Le montant de l'abonnement doit être joint à la commande. Veuillez prévoir un délai d'un mois pour l'installation de votre abonnement, plus le délai d'acheminement normal. Pour tout changement d'adresse, veuillez nous prévenir avant le 15 du mois et nous joindre votre dernière étiquette d'envoi. Un nouvel abonnement débute avec le numéro du mois en cours. Vente en librairie exclusivement. Diffusion : Éditions du Seuil.

Directeur de la publication : Henry Dougier. Revue publiée par Autrement.
Comm. par. 55778. Corlet, Imp. S.A., 14110 Condé-sur-Noireau. N° 23595.
Dépôt légal : septembre 1997. ISSN : 1157-4488. ISBN : 2-86260-719-3. *Imprimé en France.*